W0053559

Britta Schön

Untugenden des Pferdes korrigieren

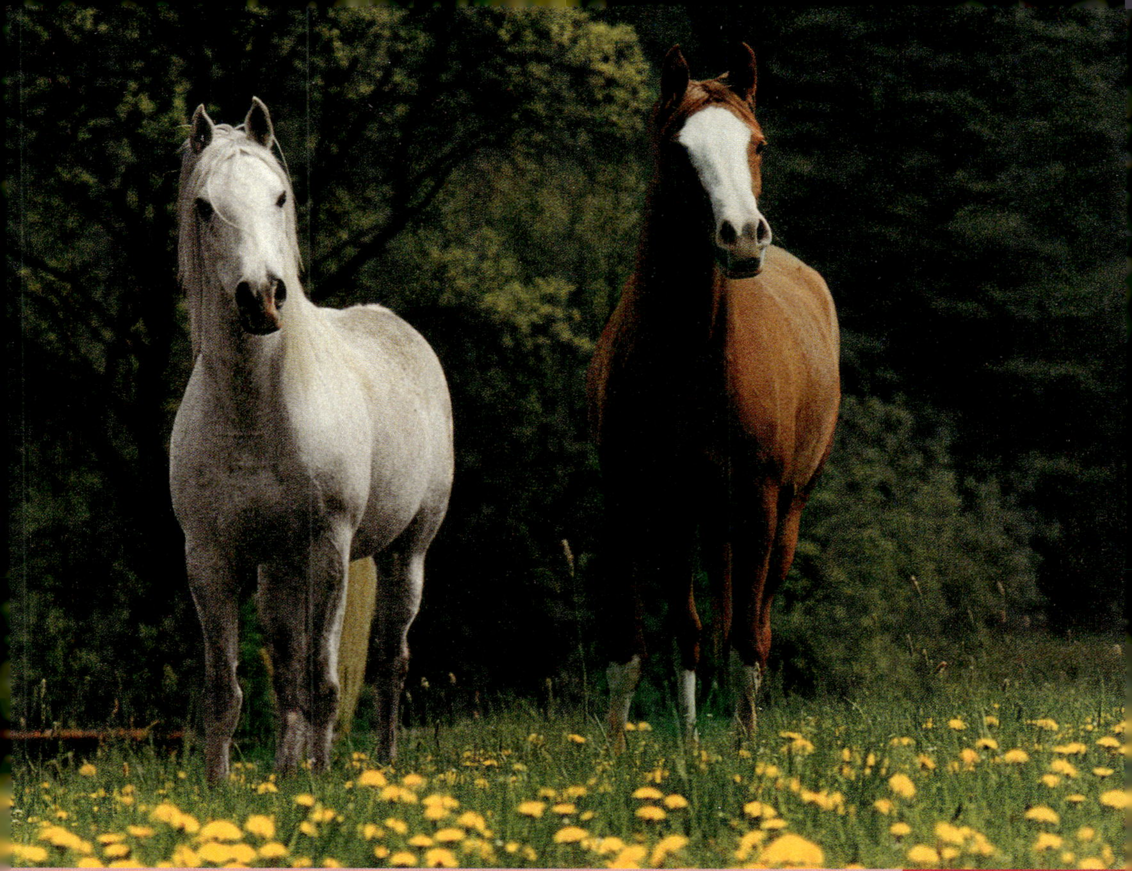

Untugenden des Pferdes korrigieren

Britta Schön

blv

BLV Freizeit REITEN

Inhalt

● **Praxis-Wissen** 6

Was sind Untugenden ? 6

Wie entstehen Untugenden? 6

Untugenden vorbeugen 8
    Vertrauen schaffen 8
    Artgerechte Haltung 8
    Erziehung 9
    Bodenarbeit und Dominanztraining 9
    Die richtige Einstellung 12
    Anforderungen an den Reiter 13
    Lösende Arbeit 14
    Das richtige Reiter-Pferd-Paar 15

Korrektur des Problempferdes 16
    Lob und Strafe 17

Untugenden an der Hand 20
    Wenn das Pferd sich nicht ruhig
    anbinden lässt 20
    Wenn das Pferd beim Führen
    »rempelt« 21

Ursache: Gleichgültigkeit 22
Ursache: Angst 22
Ursache: Dominanz 23
Wenn das Pferd beim Führen eilt . . . 26
Wenn das Pferd sich ziehen lässt 27
Wenn das Pferd beißt 28
Wenn das Pferd an Artgenossen
»klebt« 31

Untugenden unter dem Reiter 32
Wenn das Pferd beim Aufsitzen
nicht stillsteht 32
Ursache: Rückenschmerzen 32
Ursache: Sattelzwang 32
Ursache: Ignoranz oder Nervosität . . 33
Wenn das Pferd unterwegs unter
dem Reiter nicht stillsteht 36
Wenn das Pferd durchgeht 37
Durchgehen im Galopp 37
Durchgehen im Trab und Schritt 42
Wenn das Pferd faul ist 43
Wenn das Pferd mit dem Kopf
schlägt 47
Wenn das Pferd steigt 50
Der Hilferuf des Pferdes 52
Wenn das Pferd bockt 54
Wenn das Pferd den Reiter abstreift . 56
Absichtliches Abstreifen 56
Mangelndes Gleichgewicht 58
Wenn das Pferd an Artgenossen
»klebt« 59
Mangelndes Vertrauen, mangelnder
Respekt 60

● **Auf einen Blick** 62

Praxis-Wissen

Was sind Untugenden?

Verhaltensweisen des Pferdes, welche das Wohlergehen des Pferdes gefährden oder die Zusammenarbeit zwischen Mensch und Pferd erschweren und behindern, werden als Untugenden bezeichnet. Im Extremfall kann eine solche Untugend Mensch und Pferd in ernste Gefahr bringen. Sie sollten deshalb darauf achten, dass Untugenden beim Pferd gar nicht erst entstehen, beziehungsweise schnellstmöglich wieder korrigiert werden.

Wie entstehen Untugenden?

Das Verhalten eines Pferdes resultiert aus seinen natürlichen Anlagen und Instinkten einerseits und aus seinen Erfahrungen andererseits. Was wir mit unseren moralischen Wertmaßstäben als Untugend bezeichnen würden, ist aus Sicht des Pferdes eine Verhaltensweise wie jede andere auch, deshalb können wir ihm niemals Bösartigkeit oder gar Absicht unterstellen.

Es gibt verschiedene Ursachen, die dazu führen können, dass ein Pferd aus seinem »normalen« Verhaltensrahmen ausbricht und eine Untugend entwickelt, sicher spielt dabei auch sein Charakter eine Rolle: Es gibt stürmische und faule, nervöse und phlegmatische, eifrige und sture Pferde. Wird ein Pferd von einem Menschen betreut und geritten, der durch sein Verhalten diese Anlagen nicht positiv nutzt, sondern negativ verstärkt, kann schnell eine Untugend entstehen – ein unsicherer Reiter kann ein nervöses Pferd noch nervöser, ein brutaler Reiter ein ängstliches Pferd noch ängstlicher, ein schwacher Reiter ein stures Pferd noch ignoranter machen. Immer wieder gehen die Ursachen für Untugenden des Pferdes auf den Menschen zurück. So genannte Stalluntugenden wie beispielsweise Koppen oder Weben werden zu großen Teilen durch eine nicht artgerechte Haltung des Pferdes verursacht. Erste Maßnahme sowohl zur Vorbeugung als auch zur Beseitigung von Verhaltensweisen ist ein pferdegerechtes Umfeld, das bedeutet Gesellschaft durch Artgenossen, genügend Auslauf und regelmäßiger Weidegang. Gegenstand dieses Buches sind aber nicht die so genannten Stalluntugenden, sondern die Untugenden des Pferdes an der Hand und unter dem Reiter. Diese entstehen vor allem durch nicht pferdegerechten Umgang und nicht pferdegerechtes Reiten. Dazu gehört auch die Überforderung gerade (aber nicht nur) des jungen Pferdes.

Die Ausrüstung spielt ebenfalls eine große Rolle. Schmerzen, hervorgerufen durch unpassende Ausrüstungsgegenstände wie Sattel oder Gebiss, können Abwehrreaktionen beim Pferd hervorrufen.

Diese ursprünglich direkten Reaktionen des Pferdes können sich mit der Zeit verselbständigen: Hat das Pferd gelernt, dass es mit seinem Verhalten Erfolg hat, dass der Reiter beispielsweise zurückweicht oder absteigt (bzw. herunterfällt), wird es dieses Verhaltensmuster mit großer Wahrscheinlichkeit erneut an den Tag legen, auch wenn die konkrete Ursache (z.B. ein drückender Sattel) entfällt. Und auch ohne drastische Erlebnisse kann aus einer ursprünglich direkt motivierten Aktion auf Dauer eine lästige Angewohnheit werden.

Weidegang mit Artgenossen ist eine Grundvoraussetzung für die körperliche und psychische Gesunderhaltung des Pferdes.

Untugenden vorbeugen

Vertreter aller Reitstile verfolgen grundsätzlich dasselbe Ziel bei der Arbeit mit dem Pferd: Das ist die Harmonie zwischen Mensch und Tier. Sie ist die Voraussetzung für ein partnerschaftliches Verhältnis von Pferd und Reiter und der beste Garant dafür, dass sich Untugenden erst gar nicht entwickeln.

Vertrauen schaffen

Harmonie zwischen Mensch und Pferd basiert auf gegenseitigem Vertrauen und Respekt. Aus dieser vertrauensvollen Beziehung ergibt sich eine große Verantwortung des Menschen gegenüber dem Tier: Als Führer seines Pferdes kann der Mensch erwarten, dass das Tier ihm folgt, doch muss er es im Gegenzug auch beschützen. Diese Verantwortung erstreckt sich auf alle Bereiche, die das Pferd betreffen: Haltung und Fütterung, den täglichen Umgang, die medizinische Versorgung und das Reiten. Guter Wille allein genügt hier nicht! Vielmehr muss sich jeder Reiter einer Ausbildung unterziehen, denn es sind umfangreiche Kenntnisse erforderlich, um einem Pferd ein artgerechtes Leben und sinnvolle Anforderungen unter dem Reiter bieten zu können.
Gelingt uns das, so werden wir uns kaum mit Untugenden auseinandersetzen müssen – ein zufriedenes und ausgeglichenes Pferd, das Freude an der Arbeit hat, entwickelt selten unangenehme Neigungen und Angewohnheiten.

Artgerechte Haltung

Wenn wir das Pferd in unseren »Dienst« stellen, schulden wir ihm eine artgerechte Haltung. Dazu gehören eine bedarfsgerechte Fütterung ebenso wie die Gesellschaft von Artgenossen. Am wohlsten fühlen sich Pferde in einer stabilen Herdenkonstellation, die ihrem Sicherheitsbedürfnis entgegenkommt.

Genauso wichtig wie Pferdegesellschaft sind Auslauf, Licht und Luft: Regelmäßiger Weidegang trägt nicht nur zur Gesunderhaltung unseres Pferdes bei, er ist auch für eine zufriedene und ausgeglichene Gemütsverfassung unverzichtbar.

Erziehung

Zur verantwortungsvollen Führung gehört eine konsequente Erziehung: Wer seinem Pferd heute etwas durchgehen lässt oder gar explizit erlaubt, was gestern noch verboten war, schafft Verwirrung. Ängstliche Pferde erleben dadurch eine Steigerung ihrer generellen Unsicherheit, sodass ihre Nervosität und Schreckhaftigkeit noch zunehmen. Das Verhalten des Menschen wird für sie unberechenbar. Natürlich gilt dies auch für selbstbewusste Pferde, doch deren Reaktion

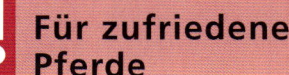

Für zufriedene Pferde

- Jeder Reiter braucht eine fundierte Ausbildung.
- Pferde müssen artgerecht gehalten werden: Sie brauchen vor allem Auslauf und die Gesellschaft von Artgenossen.

sieht anders aus: Sie sprechen dem inkonsequenten Menschen fortan die Führerqualität ab und übernehmen die Führung lieber gleich selbst.

Eine konsequente Erziehung zeichnet sich durch klare und sinnvolle Grenzen aus und bedient sich gut verständlicher Anweisungen für das Pferd.

Bodenarbeit und Dominanztraining

Ergänzend zur Erziehung kann ein gezieltes Training eingesetzt werden, um sich Respekt zu verschaffen und das Vertrauen des Pferdes zu festigen.

Das Dominanztraining kann beispielsweise dazu dienen, entstehende Untugenden bereits im Keim zu ersticken, hilft aber auch, schon verfestigte Unarten zu korrigieren.

Es gibt viele Lehrmeinungen zu diesem Thema. Jeder Reiter ist gefordert, darunter die Methode zu wählen, die ihm und seinem Pferd am besten entspricht. Vertrauen Sie dabei Ihrer inneren Stimme, Ihrem Gefühl: Nur wenn Sie ganz hinter Ihren Aktionen stehen, sind Sie für das Pferd glaubhaft.

! Kommunikation

Die Körpersprache ist eines der wichtigsten Kommmunikationsmittel zwischen Reiter und Pferd. Sicheres und ruhiges Auftreten ist deshalb wichtig.

Die Kommunikationsmittel

Bei der Bodenarbeit stehen dem Reiter als Kommunikationsmittel seine Körpersprache, seine Stimme und – je nach Vorgehensweise – auch Halfter, Strick, Führkette und Gerte zur Verfügung. Natürlich geht es nicht darum, durch die Ausübung von Kraft oder Gewalt die Oberhand zu bekommen – ein schon aufgrund der ungleichen Größen- und Kräfteverhältnisse unsinniger Ansatz. Das Pferd wäre in der direkten Auseinandersetzung auf jeden Fall stärker als wir. Gerade deshalb ist unser Auftreten, unsere Körpersprache von entscheidender Bedeutung: Wer unsicher und zögerlich wirkt, kann kaum erwarten, dass das Pferd sich ihm unterordnet. Wichtig sind ruhige und kontrollierte Bewegungen (gleiches gilt für die Stimme), eine aufrechte Haltung und ein guter Überblick über die Situation, um schnell reagieren zu können. Die Gerte kann zur Verstärkung als optisches Hilfsmittel sinnvoll eingesetzt werden: Sie dient als verlängerter Arm und hat eine gute Signalwirkung. Ziel der Arbeit ist es, Aufmerksamkeit und Gehorsam des Pferdes zu erlangen.

Die Aufgabe genau definieren

Eine genau definierte Aufgabenstellung ist die Voraussetzung für ein erfolgreiches Dominanztraining. Es geht nicht darum, dass das Pferd diese Aufgabe »irgendwie« erfüllt, vielmehr ist Konsequenz bis ins Detail gefragt.

Während der Arbeit muss der Reiter das Pferd genau beobachten, damit er die feinen Signale wahrnimmt, die ihm zeigen, wie das Pferd auf ihn reagiert. Ist es ihm gelungen, Aufmerksamkeit zu wecken und zeigt das Pferd Respekt, wird es normalerweise kauen, den Kopf senken (bzw. nicht hoch erhoben halten), die Ohren entspannt auf den Reiter richten und auch auf feine Signale reagieren. Dies muss sofort belohnt werden! Die deutlichste Belohnung für das Pferd ist die Stimme des Menschen, verbunden mit der Beendigung der Arbeit. Leckerlis sollten nur nach Abschluss der Arbeit gegeben werden, nicht zwischendurch, weil dies, je nach Veranlagung des Pferdes, die Konzentration erheblich stören kann. Eine Ausnahme dürfen Sie machen, wenn Sie im Augenblick nur so Zu-

Ein vertrauens-volles Miteinander bildet die Basis für weiterführende Arbeit.

gang zu Ihrem Pferd bekommen. Ebenso wirkungsvoll kann es jedoch sein, das Pferd z.B. dort zu kraulen, wo es ihm besonders gefällt.

Konkrete Übungen des Dominanztrainings beruhen auf dem Grundsatz »Weiche mir aus und folge mir nach«. Das Pferd in der Herde weicht dem ranghöheren Artgenossen aus; also muss es auch dem Menschen ausweichen. Das heißt: Auf unser Zeichen weicht das Pferd seitwärts oder rückwärts aus. Andererseits folgt es uns als seinem Führer.

Die Körpersprache

Der Mensch verdeutlicht seine Wünsche in erster Linie durch Körpersprache. Die erhobene Hand lässt ihn größer erscheinen (»Achtung!«) und veranlasst das Pferd, zu stoppen. Der seitlich ausgestreckte Arm kann sowohl begrenzen als auch den Weg weisen. Ein Absenken des Arms öffnet den Weg. Ob Sie verwahrend oder treibend einwirken, entscheidet sich durch Ihre Position zum Pferd.

Nähern Sie sich der Hinterhand, wirken Sie normalerweise eher treibend, stehen Sie vor dem Pferd, wirken Sie verwahrend. Stehen Sie seitlich vom Pferd, können Sie durch entsprechende Ausrichtung des Körpers (z.B. Einsatz der Arme, Richtung des Oberkörpers) beides tun. So können Sie beispielsweise das Pferd vorn verwahren, hinten jedoch seitwärts treiben: In diesem Fall wird es eine Vorhandwendung ausführen.

Generell sollte Dominanztraining nie zum Selbstzweck werden. Ein Mangel an Konsequenz und Erziehung im täglichen Umgang lässt sich nicht durch stundenlanges »Triezen« des Pferdes auf dem Platz ausgleichen. Sind die gestellten Aufgaben zufriedenstellend erledigt, hat auch das Training für diesen Tag ein Ende.

> **! Wichtig:**
>
> Dominanztraining dient der gezielten Auseinandersetzung. Ziel der Arbeit ist es, dass das Pferd auf die Körpersprache des Menschen reagiert, ohne dass dieser Hilfsmittel wie Führstrick oder Gerte einsetzen muss. Dominanztraining sollte nicht zum Selbstzweck werden.

Die richtige Einstellung

Auch wenn die äußeren Bedingungen optimal sind: Ein gutes Verhältnis zwischen Mensch und Pferd lässt sich nur aufbauen, wenn auch die innere Haltung stimmt. Dominanzgesten verpuffen mehr oder weniger wirkungslos, wenn ihnen keine echte Dominanz zugrunde liegt. Gespielte Ruhe mag vielleicht kurzfristig täuschen – langfristig überzeugt sie kein Pferd. Pferde blicken hinter die Fassade. Sie spüren genau, wer vor ihnen steht. Ehrlichkeit ist daher ganz wichtig – und wer seinem Pferd gegenüber ehrlich auftreten möchte, sollte zunächst einmal ehrlich zu sich selbst sein.

Selbsterkenntnis und Selbstsicherheit: Das ist Selbstbewusstsein im doppelten Sinne und die Voraussetzung für einen erfolgreichen Umgang mit Pferden.

Anforderungen an den Reiter

Auch für die Arbeit unter dem Sattel gilt: Nur wer klare, aufeinander abgestimmte und sinnvolle Hilfen gibt, darf erwarten, dass das Pferd in gewünschter Weise reagiert beziehungsweise lernt, zu reagieren.

Dabei ist nicht entscheidend, welcher Reitweise man sich verschrieben hat – gutes Reiten ist reitweisenunabhängig. Wer wirklich gut reiten lernen möchte, hat auf jeden Fall einen langen Weg vor sich: An die Körperkoordination des Reiters werden hohe Anforderungen gestellt, und theoretische Kenntnisse sind ebenfalls unabdingbar. Doch damit allein ist es noch lange nicht getan – auch das Gefühl für das Pferd unter dem Sattel muss entwickelt und gefördert werden.

Ein Ziel guten Reitens ist, das Pferd so zu fördern, dass es das Reitergewicht ohne Schmerzen oder gesundheitliche Schäden aufnehmen kann. Zu seiner Umsetzung gehört vor allem die lösende, weiterführend dann auch die versammelnde Arbeit, die beide in allen Reitweisen und somit auch für reine Freizeitpferde wichtig sind.

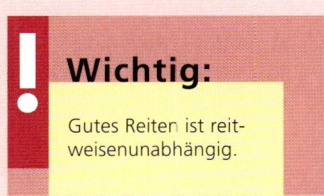

! Wichtig:

Gutes Reiten ist reitweisenunabhängig.

Das korrekte Lösen eines Pferdes ist der erste und wichtigste Schritt bei der Vorbeugung für die Entstehung von Untugenden unter dem Sattel. Unarten entstehen nämlich oft aufgrund von Verspannungen und Schmerzen. Durch die lösende Arbeit können bestehende Spannungen (physischer und psychischer Art) abgebaut bzw. direkt vermieden werden. Ohne diese Maßnahmen würde das Pferd sein Missbehagen eventuell so äußern, dass Pferd und Mensch in Gefahr geraten könnten. Auch der Entstehung von Missverständnissen zwischen Reiter und Pferd wird durch das korrekte Lösen vorgebeugt.

Lösende Arbeit

Die Inhalte der lösenden Arbeit richten sich nicht nach Reitstil, Pferderasse oder Vorlieben des Reiters, sondern sind allgemeingültig.

Ziel der lösenden Arbeit ist ein entspanntes und zufriedenes Pferd, das seine Rückenmuskulatur dehnt und aufwölbt, schwungvoll vorwärts tritt, ausbalanciert im Gleichgewicht geht und sich selbst trägt. Man könnte das in etwa mit der Aufwärmgymnastik eines Sportlers vergleichen – und Gymnastik ist auch für Pferde unverzichtbar, wenn ihre Leistungsfähigkeit unter dem Reiter erhalten werden soll.

Gymnastizierende Übungen

Zu den gymnastizierenden und lösenden Übungen zählen vor allem Wendungen auf großen Linien, beispielsweise Zirkel und große Schlangenlinien. Auch das Schenkelweichen und die Vorhandwendung dienen dem Lösen des Pferdes, ebenso wie häufigere Übergänge zwischen den Gangarten. Damit das Pferd nicht einseitig trainiert wird, muss man auf einen regelmäßigen Handwechsel achten.

Springgymnastik und Stangenarbeit sind empfehlenswerte Abwechslungen im Trainingsplan.

Entspannt über Stangen: Das Training mit Trabstangen beinhaltet viele positive Aspekte.

Ein erfolgreich gelöstes Pferd kaut zufrieden auf dem Gebiss, schäumt, tritt schwungvoll vorwärts und mit der Hinterhand nach vorn unter seinen Schwerpunkt, lässt sich auf beiden Händen stellen und biegen, der Schweif pendelt locker. Es reagiert prompt auf die Hilfen des Reiters (es ist durchlässig). Beim Zügel-aus-der-Hand-kauen streckt es sich so weit vorwärts-abwärts, wie der Reiter es zulässt. Ist das Pferd gelöst, kann mit der versammelnden Arbeit begonnen werden.

Nur ein gelöstes Pferd kann aufgerichtet und versammelt werden. Allein durch Einwirkung der Reiterhand ist dies nicht möglich. Unter Umständen kann es gelingen (oft nur mit Unterstützung durch Hilfszügel), eine Haltung zu erzwingen, die oberflächlich betrachtet der Haltung eines versammelten Pferdes ähnelt; mit echter Versammlung und pferdeschonendem Reiten hat dies jedoch nicht das Geringste zu tun. Zügelhilfen haben ihre Berechtigung grundsätzlich nur im Zusammenwirken mit Gewichts- und Schenkelhilfen.

! Wichtig:

- Ziel der lösenden Arbeit ist ein zufriedenes, entspanntes Pferd.
- Die versammelnde Arbeit dient der Gesunderhaltung des Reitpferdes.
- Reiter und Pferd dürfen sich gegenseitig nicht überfordern.

Das richtige Reiter-Pferd-Paar

Ein wichtiger Faktor, welcher der Entwicklung von Untugenden vorbeugt, ist die Harmonie zwischen Reiter und Pferd. Ehe ein Reiter sich zum Kauf eines Pferdes entschließt, sollte er sich zunächst einmal selbstkritisch unter die Lupe nehmen und versuchen, seine eigenen Fähigkeiten realistisch einzuschätzen. Ein Pferd darf den Reiter nicht überfordern, umgekehrt muss auch das Pferd den Anforderungen des Reiters gerecht werden können. Geschlecht, Alter und Ausbildungsstand, aber auch Rasse und Veranlagung des Pferdes müssen zum individuellen Anforderungsprofil passen.

Korrektur des Problempferdes

Eins sei zur Korrektur eines Problempferdes gleich vorweg gesagt: Es gibt kein Wundermittel oder Patentrezept. Die Korrektur erfordert immer viel Geduld, Engagement, Mühe, reiterliches Können, Kompetenz im Umgang mit dem Pferd, Beobachtungsgabe und Einfühlungsvermögen des Menschen. Nur so kann der Reiter wieder Zugang zu einem Pferd finden, das aus unterschiedlichen (und leider viel zu oft berechtigten) Gründen sein Vertrauen in den Reiter und seine Achtung vor Menschen verloren hat.

In schwer wiegenden Fällen kann ein sinnvoller erster Schritt darin bestehen, das Pferd aus seinem bisherigen Umfeld herauszunehmen und ihm eine Auszeit in Form eines Weideurlaubs zu gönnen. Diese Zeit kann der Reiter für sich positiv nutzen, indem er sich weiterbildet und nach neuen Ansätzen sucht. Nach einer ausgiebigen Pause beginnt das Training ganz von vorn: Es wird nicht an die vorhergehende Ausbildung angeknüpft, sondern eine neue Basis aufgebaut.

Um angemessen reagieren zu können, muss der Reiter zunächst herausfinden, wodurch das Verhalten seines Pferdes verursacht wird. Schon diese Aufgabe stellt höchste Ansprüche, obwohl konkretes Handeln noch nicht verlangt wird. Für die Korrektur eines Problempferdes muss der Reiter bereit sein, sich intensiv mit den Schwierigkeiten des Pferdes auseinanderzusetzen. Wenn er allerdings nicht gelernt hat, angemessen mit einem Pferd umzugehen, korrekt zu sitzen, seine Hilfen aufeinander abzustimmen und zu dosieren, wird er nicht angemessen mit seinem Pferd kommunizieren und so auch keine Abhilfe schaffen können. »Technische Hilfsmittel« in der Ausrüstung können die Symptome bestenfalls überdecken, wirklich Abhilfe schaffen sie normalerweise nicht. Hilfszügel gehören immer in gute und vorsichtige Reiterhände und sollten auch dann nur kurzfristig eingesetzt werden, um dem Pferd manche Dinge zu verdeutlichen. Idealerweise wird ganz auf sie verzichtet.

Bei mangelnder Kompetenz in Theorie und Praxis kann nicht nur das Ausgangsproblem weiter verschärft werden, Reiter und Pferd können sich immer tiefer in Missverständnisse und als Folge auch in Aggressionen und Spannungen verstricken und so ernsthaft in Gefahr geraten. Geschieht dies, ist im Endeffekt so gut wie immer das Pferd der Leidtragende: Als unreitbar verschrieen, als bösartig bekannt, landen solche Pferde allzuoft schon in jungen Jahren beim Schlachter oder – schlimmer noch – wandern von Händler zu Händler, von Hand zu Hand, bis sie einige Jahre später das Ende ereilt. Ein düsteres Bild – realitätsfern ist es leider nicht. Es ist daher mehr als wünschenswert, dass an der Korrektur des Problempferdes immer von erfahrenen Fachleuten oder zumindest unter der Aufsicht kompetenter Fachleute gearbeitet wird.

> **! Wichtig:**
>
> Die Korrektur eines Problempferdes gehört zu den anspruchsvollsten Aufgaben eines Reiters und darf nicht unterschätzt werden. Am besten vertraut man das Tier deshalb einem Fachmann an.

Lob und Strafe

Lob und Strafe – diesen beiden Begriffen kommt eine zentrale Bedeutung bei der Korrektur des Problempferdes zu.

Lob dient immer als positive Verstärkung eines gewünschten Verhaltens. Sobald das Pferd entsprechend der Hilfengebung reagiert, wird es belohnt – auf diese Weise wird seine Reaktion positiv gefestigt.

Dieses Lob trägt auch dazu bei, die Freude an der Arbeit zu erhalten.

Die Bestrafung ist etwas differenzierter zu sehen. Mit diesem Begriff assoziieren wir normalerweise, dass eine unerwünschte Verhaltensweise im Nachhinein bestraft wird. Und eben dies macht im Umgang mit Pferden keinen Sinn – Sie sollten deshalb ein Pferd niemals bestrafen!

Allerdings dürfen Sie ihm Grenzen aufzeigen, Sie dürfen das Pferd in seine Schranken verweisen. Das heißt, Sie bestrafen es nicht, sondern beharren lediglich auf Ihrer Vorrangstellung innerhalb der Rangordnung,

Wie können wir loben, wie zurechtweisen?

Für Lob und Tadel ist die Stimme ein unentbehrliches Hilfsmittel. Je nach Situation können Sie lobend, beruhigend, mahnend, verwehrend, energisch klingen; und Ihr Pferd kann den Tonfall sehr wohl differenziert deuten! Als Lob wird auch die Beendigung der Arbeit nach erfolgreichem Training verstanden, ein Streicheln oder Kraulen und natürlich auch Futter.

Wichtig:

Strafen Sie Ihr Pferd nicht, zeigen Sie ihm jedoch deutlich seine Grenzen auf.

Zum Tadeln können Sie neben der Stimme auch Ihren Körper einsetzen, idealerweise werden Sie beide Mittel kombinieren. Eine erhobene Hand beispielsweise signalisiert: bis hierhin und nicht weiter. Schiebt man das Pferd zurück, heißt dies: Das war zu weit! Entscheidend dabei ist, dass die Reaktion unmittelbar erfolgen muss. Ein schneller Klaps als direkte Reaktion beispielsweise auf einen Biss wird vom Pferd als sofortige Zurechtweisung verstanden und macht kein Pferd kopfscheu; erfolgt er jedoch erst später, kann das Pferd das Handeln des Menschen nicht mehr in einen Zusammenhang stellen und wird entsprechend verständnislos und verunsichert reagieren – in diesem Fall hätte der Mensch nicht reagiert, sondern gestraft.

Im „Zwiegespräch"
lässt sich vieles
erreichen: Pferde
können den Tonfall
der menschlichen
Stimme sehr gut
deuten.

Untugenden an der Hand

Wenn das Pferd sich nicht ruhig anbinden lässt

Es gehört zu den Grundvoraussetzungen für den Umgang mit dem Pferd, dass dieses sich anbinden lässt und ruhig steht. Wenn ein Pferd schon beim Putzen ständig herumhampelt, sich unmotiviert umdreht, nach anderen Pferden schaut und wiehert, so ist dies nicht nur lästig und manchmal sogar gefährlich, sondern auch ein Symptom für ein grundsätzlich vorhandenes Problem. Das Pferd ist abgelenkt und unaufmerksam, möglicherweise nervös, es fühlt sich vielleicht allein. Kurz: Die Gegenwart des Menschen spielt keine große Rolle für die Psyche des Pferdes, und sie vermittelt dem Pferd offensichtlich keine ausreichende Sicherheit.

Lösungsansätze
Die langfristige Lösung liegt in der Festigung von Respekt und Vertrauen, in der konsequenten Erziehung des Pferdes. In der konkreten Situation kommt es darauf an, zunächst einmal die Aufmerksamkeit des Pferdes zu wecken.
Sprechen Sie ruhig und bestimmt zu Ihrem Pferd. Versuchen Sie nicht, das Pferd am Kopf festzuhalten oder gar am Halfter zu rucken: Ein kleiner Klaps mit der flachen Hand auf die Kruppe bewirkt weit mehr, weil schon das entstehende Geräusch die Aufmerksamkeit des Pferdes erregt.
Lassen Sie das Pferd auf Kommando herumtreten und wieder stillstehen. Schieben Sie dabei das Pferd nicht mit Kraft herum; unterstützen Sie die Stimmaufforderung lediglich durch leichte Signale, bis das Tier reagiert – und dann darf selbstverständlich das Lob nicht fehlen. Konsequente Erziehung hilft, die Schwierigkeit bald aus der Welt zu schaffen.

Ein Sonderfall liegt vor, wenn das Pferd nicht stillsteht, weil ihm das Putzen unangenehm ist. Dies ist vor allem bei kitzligen Pferden der Fall – hier hilft nur besondere Umsicht und Ruhe. Aber auch Pferde mit Rückenschmerzen reagieren oft heftig auf den Druck mit Bürste und Striegel. In diesem Fall ist nicht nur Rücksichtnahme angesagt, es müssen auch ein Tierarzt zu Rate gezogen und das gesamte Trainingsprogramm neu überdacht werden.

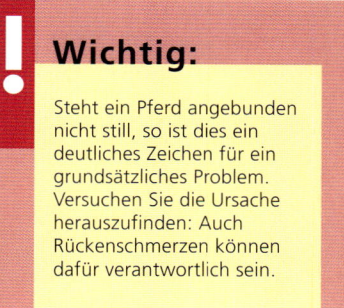

! ## Wichtig:

Steht ein Pferd angebunden nicht still, so ist dies ein deutliches Zeichen für ein grundsätzliches Problem. Versuchen Sie die Ursache herauszufinden: Auch Rückenschmerzen können dafür verantwortlich sein.

Wenn das Pferd beim Führen »rempelt«

Solche Pferde drängeln den Führer beiseite, treten ihm mit Vorliebe auf die Füße, müssen immer und unbedingt als erste durch jede Tür gehen ...
Dieses Problem hat in gewisser Weise exemplarischen Charakter, denn die hier besprochenen Lösungsansätze gelten auch für andere Untugenden.

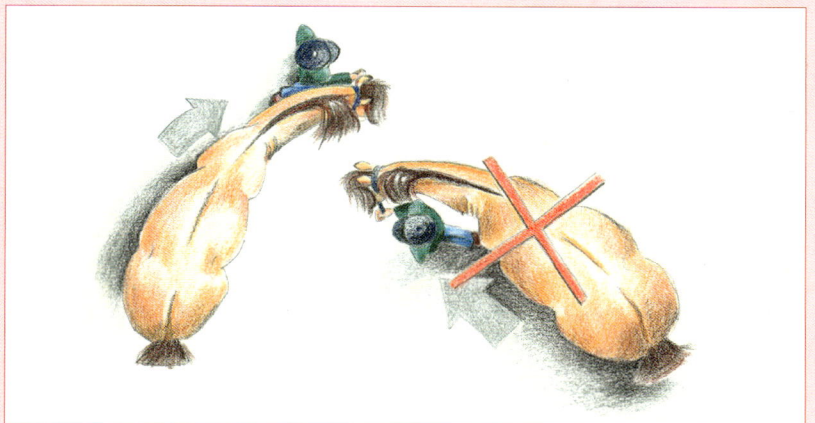

Das Pferd wird immer nach der dem Führer abgewandten Seite gewendet.

Ursache: Gleichgültigkeit

Die Veranlagung des Tieres spielt hier mit Sicherheit eine große Rolle. Manche Pferde achten stets von selbst darauf, wo sie hintreten – andere gehen einfach drauflos und schauen dann: Sie sind nicht aufmerksam, auch der Mensch wird schnell mal »übersehen«. Mit der mangelnden Aufmerksamkeit geht mangelnder Respekt einher. Die Lösung liegt auf der Hand: Konsequente Erziehung an der Hand wird aus dem Rempler ein rücksichtsvolles Pferd machen.

Ursache: Angst

Doch kommt es auch vor, dass ein Pferd rempelt, weil es Angst hat. Dieses Pferd rempelt nicht prinzipiell, sondern situationsgebunden. Wird die Angst vor der (oft nur vermeintlichen) Gefahr zu stark, führt die aufkeimende Panik dazu, dass das Pferd mehr oder weniger blind ausweicht – und dabei den Menschen nicht mehr wahr- bzw. ernst nimmt.

> **! Wichtig:**
>
> Geben Sie einem ängstlichen Pferd das Gefühl, dass Sie es beschützen können.

Hier ist die Angst größer als das Vertrauen in den Menschen – und zugleich ist sie auch größer als der Respekt vor dem Menschen. Konsequente Erziehung ist auch hier die Lösung, doch müssen Sie vor allem daran arbeiten, sich das Vertrauen des Pferdes zu sichern. Es ist sicher keine Lösung, wenn das Pferd vor Ihnen größere Angst hat als vor anderen erschreckenden Dingen – dann steigert sich seine Furcht zur Panik und wenn der Fluchtweg versperrt ist, kann die Situation schnell gefährlich werden.

Bewahren Sie also in jedem Fall Ruhe und vermitteln Sie dem Pferd das Gefühl, dass Sie es vor Gefahren beschützen können und beschützen werden. Übersteigerte Reaktionen bestätigen das Pferd nur in seiner Angst: Wer souverän bleibt, wird das Problem schnell in den Griff bekommen.

Der Mensch bestimmt Tempo und Richtung. Wichtig ist die Position zum Pferd: Je weiter vorne sich der Führer befindet, desto dominanter wirkt er.

Ursache: Dominanz

Es gibt, neben den bereits geschilderten Problemen, auch Pferde, die den Menschen bewusst beiseite drängen. Sie betrachten den Mensch als rangniedriger, deshalb hat er beiseite zu gehen, wenn sie kommen! Die Lösung für diesen Fall liegt klar auf der Hand: Erziehung und Dominanztraining.

Lösungsansätze

Alle drei Ursachen weisen zunächst auf den gleichen Lösungsansatz hin. Dennoch müssen sie voneinander unterschieden werden.

Das gleichgültige Pferd

Im ersten Fall geht es darum, sich die Aufmerksamkeit des Pferdes zu sichern. Es muss lernen, stets einen Mindestabstand zum Menschen einzuhalten, diesem beim Führen aufmerksam zu folgen und auf Signale zu reagieren, ohne dass eine direkte körperliche Einwirkung nötig ist. Als Ausrüstung empfehlen sich Halfter und Strick (nötigenfalls Führkette) sowie eine Gerte. Geeignete Übungen sind: Führen, Anhalten, Stillstehen, Losgehen, Wendungen und auch Rückwärtstreten. Das Rückwärtstreten ist eine Lektion, die eine starke Dominanz voraussetzt und auch zur Zurechtweisung eingesetzt werden kann.

Jede neue Lektion wird mit einem deutlichen Stimmkommando eingeleitet, gefolgt von einer für das Pferd klar erkennbaren Aufforderung (reagiert das Pferd zum Beispiel nicht auf das Kommando »Komm«, so kann dies durch ein Antippen der Hinterhand mit der Gerte unterstützt werden). Wichtig ist die Position des Menschen zum Pferd. Generell gilt: Je weiter vorn der Mensch sich befindet, desto dominanter wirkt er. Es empfiehlt sich in diesem Fall, neben dem Kopf oder auch vor dem Pferd zu gehen. Hat man seine Position eingenommen, darf das Pferd den ihm zugewiesenen Platz nicht mehr unaufgefordert verlassen.

! Wichtig:

- Konsequenz bis ins Detail ist Voraussetzung für den Erfolg beim gleichgültigen Pferd.
- Gelassenheit, Ruhe und Souveränität des Menschen geben dem ängstlichen Pferd Sicherheit.

Das ängstliche Pferd

Beim ängstlichen Pferd befindet sich der Führer direkt neben seinem Kopf, sodass das Pferd ihn unmittelbar neben sich wahrnehmen kann. Wer auf Schulterhöhe geht, hat weder eine dominante Position, noch vermittelt er dem Pferd Sicherheit.

Das Pferd muss lernen, an der Seite eines Menschen auch Krisensituationen zu meistern. Wenn die Kommunikation im Allgemeinen funktioniert, kann damit begonnen werden, das Pferd mit »Gefahrensituationen« zu konfrontieren. Wichtig ist, dass das Pferd sich alles in Ruhe anschauen darf. Sobald es an dem Hindernis vorbeigegangen ist, wird es ausführlich gelobt. Hier sind Geduld und starke Nerven gefragt – wer sich selbst nicht aus der Ruhe bringen lässt, wird auch sein Pferd beruhigen können.

Das dominierende Pferd

Das dominierende Pferd drückt mit seinem Rempeln seine Überlegenheit und seine Missachtung für den Menschen aus. Es erfordert Erfahrung und Kompetenz, sich die Anerkennung eines solchen Pferdes zu verschaffen.

Grundsätzlich werden hier die gleichen Übungen ausgeführt wie im ersten Fall. Allerdings gehen Sie nun deutlich vor dem Pferd: Es befindet sich nicht auf gleicher Höhe, sondern muss Ihnen folgen. Wenn das Pferd drängelt, bestehen Sie darauf, dass es wieder zurück und beiseite tritt. Es muss einen Abstand einhalten – Sie weichen nicht zurück, sondern das Pferd macht Platz. Wird die Hand mit der Gerte deutlich vor dem Pferd erhoben, so dient das dem Pferd als Warnsignal: Bis hierher und nicht weiter! Setzt sich ein Pferd auch über solche Signale hinweg, müssen Sie deutlicher vorgehen. Sie dürfen weder ausweichen, noch dürfen Sie sich umrennen lassen. Was würde ein tatsächlich ranghöheres Herdenmitglied, sprich Pferd, in diesem Fall tun? Es würde mit einer kurzen, aber energischen Aktion klare Verhältnisse schaffen. Genau dies müssen Sie auch tun. Wichtig ist, dass die Zurechtweisung unmittelbar erfolgt. Besondere Bedeutung bei den Übungen kommt hier dem Rückwärtstreten zu: Geht das Pferd auf Kommando freiwillig rückwärts, ist dies ein deutliches Zeichen für seine Unterordnung und wird natürlich sofort belohnt.

So können Sie überprüfen, ob das Pferd seine Lektion gelernt hat: Lassen Sie das Pferd am langen Strick bzw. an der langen Führkette folgen, während Sie in Schlangenlinien vorausgehen. Folgt das Pferd, ohne dass sich die Verbindung spannt, freiwillig nach, können Sie mit dem Ergebnis zufrieden sein. Belohnen Sie das Pferd!

Wichtig:

Nur unmittelbar auf das Fehlverhalten folgende Reaktionen des Menschen können vom Pferd in den richtigen Zusammenhang gestellt werden.

Wenn das Pferd beim Führen eilt

Das Eilen an der Hand kann unterschiedliche Ursachen haben. Oft kann man beobachten, dass Reiter eher unbewusst ihr Führtempo dem Tempo des Pferdes anpassen. Dieses Verhalten dient der Konfliktvermeidung, denn auf diese Weise kommt man mit seinem Pferd beinahe überall hin, ohne sich mit ihm streiten zu müssen. Und was ist schon dabei?

Doch leider kommt man so mit seinem Pferd eben nur beinahe überall hin. Denn es folgt einem nicht, sondern es bestimmt, wo's lang geht.

Lösungsansätze

Bodenarbeit kann nichts bewirken, wenn der Reiter nicht bei jedem Führen des Pferdes (zum Anbindestand, zur Weide usw.) darauf achtet, dass er selbst das Tempo bestimmt. Er geht immer voraus, das Pferd darf seine Position hinter ihm nicht verlassen. Bleibt der Reiter stehen, muss auch das Pferd stehen bleiben. Tut es das nicht, wird es einige Schritte rückwärts gerichtet, bis es wieder auf seinem Platz steht.

Auf diese Weise wird das eilige Pferd lernen, auf den Reiter zu achten und sein Tempo anzupassen.

Eilige und nervöse Pferde

Wie immer braucht es etwas mehr, um das eilige und nervöse Pferd zur Ruhe zu bringen. Hier muss der Reiter zusätzlich bemüht sein, das Vertrauen seines Pferdes zu erwerben. Bodenarbeit wird ihm dabei helfen – die richtige innere Einstellung des Pferdeführers kann sie nicht ersetzen.

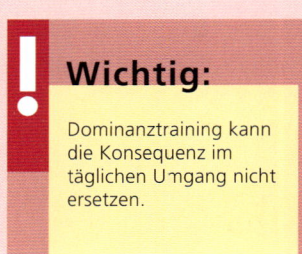

Wichtig:

Dominanztraining kann die Konsequenz im täglichen Umgang nicht ersetzen.

Wenn das Pferd sich ziehen lässt

Beinahe genauso unangenehm wie ein Pferd, das einfach davonstürmt, ist ein Pferd, das sich ständig ziehen lässt. Dabei wird jeder Schritt buchstäblich zur Qual.

Bei solchen Pferden gilt die erste Frage ihrem Gesundheitszustand. Wie steht es um ihren Allgemeinzustand, werden sie richtig gefüttert? Sind die Zähne in Ordnung, ist regelmäßig entwurmt worden? Hat das Pferd Schmerzen oder geht möglicherweise sogar lahm? Lustlosigkeit und Trägheit über einen längeren Zeitraum sollten uns immer als Anlass dienen, einen Gesundheitscheck durchzuführen und die Haltungsbedingungen zu überdenken.

Ist das Pferd eigentlich gesund und munter, lässt sich aber dennoch schlüren? Solche Pferde sind oft nicht faul, sondern unkonzentriert. Statt auf den Menschen zu achten und ihm zu folgen, betrachten diese Pferde lieber ihre Umwelt. Sie trödeln durch die Gegend und können ihren Führer ganz unschuldig zur Verzweiflung treiben.

Lösungsansätze

Das Pferd muss lernen, sich zu konzentrieren. Wie Bodenarbeit dabei helfen kann, wurde bereits besprochen. Achten Sie beim Training jedoch darauf, dass kein Pferd stundenlang konzentriert arbeiten kann – das können Sie auch nicht. Besonders junge Pferde haben nur eine begrenzte Aufnahmefähigkeit und brauchen immer wieder Ruhe- und Spielpausen.

Natürlich spielt auch Motivation bei der Arbeit eine große Rolle. Stumpfe Eintönigkeit trägt dazu bei, ein Pferd träge und unlustig werden zu lassen – sinnvolle Arbeitsinhalte und Abwechslung erhalten die Freude an der Arbeit und motivieren das Pferd. So werden Sie ein Pferd langfristig zu einem willigen Partner erziehen.

Ein häufiger Fehler

In der konkreten Situation wird oft der Fehler begangen, das Pferd von vorn zu ziehen, ihm dabei sogar noch in die Augen zu schauen. Das Pferd wird darauf normalerweise nicht reagieren; eventuell bleibt es stehen, manchmal weicht es sogar rückwärts aus: Der Druck auf seinem Genick ist ihm unangenehm, der ihm gegenüberstehende Mensch tut ein Übriges – das Pferd weicht zurück.

! Wichtig:

Die Korrektur eines Pferdes, das sich ziehen lässt, erfolgt nie durch Einwirkung von vorn!

So ist es besser

Statt sich zum Pferd zu wenden oder zu ziehen, muss der Führer selbst zügig gehen. In diesem Fall befindet er sich nicht vor dem Pferd, sondern lässt sich soweit zurückfallen, dass er mit einer langen Gerte die Hinterhand des Pferdes erreichen kann. Sobald das Pferd zurückfällt, fordert er es durch ein deutliches Stimmkommando auf und tippt mit der Gerte an die Hinterhand. Auf keinen Fall darf er sich darauf einlassen, das Pferd am Strick zu ziehen. Der Strick bleibt immer locker. Wenn das Pferd so weit zurückfällt, dass der Strick sich spannt, wird sofort angehalten. Der Führer nimmt seine Position wieder ein und treibt erneut von hinten. Wird dies konsequent durchgehalten, so wird auch das Pferd lernen, aufmerksam und fleißig zu folgen.

Wenn das Pferd beißt

Von den Untugenden, die im täglichen Umgang auftreten, ist Beißen sicherlich eine der unangenehmsten. Hier ist es besonders wichtig, von Anfang an konsequent Grenzen zu setzen. Das Fohlen, das spielerisch an der Jacke knabbert, mag süß sein – doch wenn es älter wird, bekommt der Spaß schnell ganz andere Dimensionen.

Lösungsansätze

Es ist wichtig und ein Gebot der Fairness, einem jungen Pferd von Anfang an Grenzen zu setzen, die sein Leben lang gelten werden. Sonst wird es später für etwas bestraft, was es zuvor immer durfte, oder worin es durch die allgemeine Aufmerksamkeit vielleicht sogar noch bestärkt wurde – das schafft Verwirrung und führt zu einem Vertrauensverlust.

Wenn ein Pferd nach Ihnen schnappt, müssen Sie blitzschnell reagieren. Es genügt schon ein lautes Wort, eventuell verbunden mit einem leichten Klaps: Weil ein Pferd damit oft nicht rechnet, wird es erschrecken – und dieser Schreck ist sehr viel heilsamer als eine gründliche Zurechtweisung, die zu spät erfolgt, wenn das Pferd den Zusammenhang mit seiner Tat nicht mehr erkennen kann.

Warnsignale des Pferdes müssen beachtet und ernstgenommen werden. So kann die Tat schon im Ansatz verhindert werden.

Beobachten Sie Ihr Pferd genau: So können Sie noch eingreifen, bevor es zubeißen kann.

Idealerweise erkennt man die Absicht des Pferdes noch ehe es sie in die Tat umsetzen kann. Dann kann man direkt eingreifen, laut und deutlich »nein« sagen und als optisches Zeichen die Hand heben – das Pferd wird sich gründlich überlegen, ob es wirklich noch zubeißt.

Neben diesem ursprünglich spielerischen, respektlosen Beißen gibt es auch Pferde, die wirklich gezielt um sich beißen, mit angelegten Ohren drohen und zur ernsthaften Gefahr werden.

Ein solches Pferd muss immer ganz individuell betrachtet und behandelt werden. Oft ist es selbst misstrauisch und unglücklich. Es braucht Zeit, dem Pferd wieder Lebensfreude und Vertrauen einzuflößen. Doch bei allem Verständnis

für das Pferd sollte der Mensch nie so weit gehen, sich selbst zu gefährden. Hier gilt: Die Korrektur eines solchen Pferdes gehört ausschließlich in die Hände von Fachleuten.

Wenn das Pferd an Artgenossen »klebt«

Auf diese Untugend wird auf Seite 59 näher eingegangen; deshalb soll das Thema hier nur kurz angesprochen werden.

Dass ein Pferd an seinen Artgenossen hängt und sie nur ungern verlässt, ist keine Untugend – es ist mehr als natürlich. In der Natur ist die Herde und die Gesellschaft anderer Pferde der beste Schutz vor Gefahren. Auch selbstbewusste Pferde brauchen den Schutz der Gruppe. Und sie sind sich stets ihrer Verantwortung bewusst: Sie wollen bewachen und beschützen.

Wird ein Pferd allein gehalten, so leidet es unweigerlich unter seiner Einsamkeit. Gerade Pferde, die diese Erfahrung schon einmal gemacht haben, kleben in der Folge oft besonders stark an ihren Artgenossen – sie wollen unter keinen Umständen allein bleiben!

Sie können von Ihrem Pferd erwarten, dass es Ihnen auch ohne Pferdegesellschaft folgt. Allerdings sollte niemand von seinem Pferd verlangen, allein zu leben. Wieviel der Mensch sich auch kümmern mag, wieviel Zeit er auch mit seinem Pferd verbringt – andere Pferde kann er ihm nicht ersetzen.

Pferde vermitteln sich untereinander Sicherheit. Ihr Bedürfnis nach Pferdegesellschaft entspricht der Natur des Herdentieres.

Wichtig:

Pferde brauchen den Schutz der Herde und die Gesellschaft von Artgenossen.

Untugenden unter dem Reiter

Wenn das Pferd beim Aufsitzen nicht stillsteht

Die Probleme zwischen Pferd und Reiter beginnen oft schon vor dem eigentlichen Reiten – dann nämlich, wenn der Reiter nicht in Ruhe aufsitzen kann, weil das Pferd nicht stillsteht.

Damit man dieser Untugend wirkungsvoll begegnen kann, muss man sich erst einmal die Frage nach dem »warum« stellen.

! Beachte:

Grundsätzlich gilt, dass die Erziehung an der Hand auch für eine erfolgreiche Problembewältigung im Sattel wichtig ist.

Ursache: Rückenschmerzen

Eine häufige Ursache für dieses Verhalten sind Rückenschmerzen. Das Pferd empfindet das Reitergewicht als schmerzhaft und unangenehm und versucht ihm daher auszuweichen. Im Stand empfindet das Pferd das Reitergewicht noch deutlicher – also setzt es sich in Bewegung, sobald es den Reiter spürt. Vor allem die seitliche Belastung beim Aufsteigen, wenn das ganze Reitergewicht am linken Steigbügel hängt, wird vom Tier als äußerst unangenehm empfunden.

Ursache: Sattelzwang

Ein anderer möglicher Grund für diese »Flucht« des Pferdes kann Sattelzwang sein. Vor dem Aufsitzen wird der Sattelgurt stramm angezogen, damit der Sattel nicht rutschen kann. Ein unter Sattelzwang leidendes Pferd empfindet dies als beklemmend: Es verspannt sich und kann diese Anspannung nur in der Bewegung abbauen.

Ursache: Ignoranz oder Nervosität

Manche Pferde ignorieren die Wünsche des Menschen – sie kümmern sich nicht darum oder gehen sogar bewusst nicht darauf ein. Andere Pferde wiederum sind nervös, ungeduldig und kämpfen mit ihrem Nervenkostüm.

Lösungsansätze

Damit man die richtigen Maßnahmen ergreifen kann, ist es wichtig, sich Klarheit über die Ursache des Problems zu verschaffen. Wer ein Pferd zu erziehen versucht, das unter Schmerzen leidet, wird keine Besserung erreichen. Andererseits wird wohlmeinende Rücksicht ein Pferd, das den Menschen nicht respektiert, in seinem Verhalten noch bestärken. Je nach Ursache und Wesensart des Pferdes muss individuell an die Problemlösung herangegangen werden.

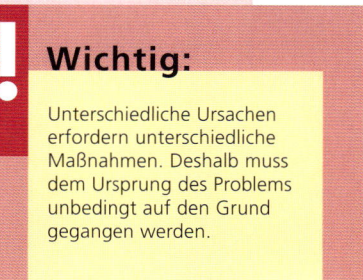

Wichtig:

Unterschiedliche Ursachen erfordern unterschiedliche Maßnahmen. Deshalb muss dem Ursprung des Problems unbedingt auf den Grund gegangen werden.

Bei Rückenschmerzen

Wer sein Pferd aufmerksam beobachtet und sorgfältig putzt, wird schnell bemerken, wenn es starke Rückenschmerzen hat. Denn dann ist die Muskulatur entlang der Wirbelsäule hart und verspannt. Druck auf und an der Wirbelsäule wird vom Pferd als unangenehm empfunden, es reagiert durch Ausweichen, sackt zusammen, wird kleiner oder springt im Extremfall auch weg.

Leidet ein Tier unter Rückenschmerzen, sollte ein Tierarzt zu Rate gezogen werden. Nur er kann feststellen, ob es sich um ein Rückenleiden handelt, das eine weitere Reitnutzung des Pferdes verbietet, oder ob es sich „lediglich" um Verspannungen und Schmerzen der Muskulatur handelt, die mit relativ einfachen Mitteln behoben werden können.

Die wichtigste Maßnahme bei solchen Verspannungen ist rückenschonendes Reiten! Um rückenschonend zu reiten, müssen lediglich die Grundlagen jedes pferdegerechten Reitens beachtet werden: Das Pferd wird so gymnastiziert, dass es das Reitergewicht aufnehmen und ausbalancieren kann. In der Lösungsphase wird die Dehnungshaltung gesucht und gefördert. Schweres Einsitzen und versammelnde Arbeit erfolgen erst, wenn das Pferd gelöst und entspannt unter dem Reiter geht.

Bereits vor dem Aufsitzen können Massagen die schmerzende Muskulatur entspannen. Achten Sie beim Putzen darauf, dass Sie entlang der schmerzenden Bereiche nicht unnötig grob striegeln und bürsten.

Wenn Sie beim Aufsitzen eine Aufsteigebank verwenden, können Sie dem Pferd das Aufnehmen des Reitergewichts erleichtern. Denn so gleiten Sie sanft in den Sattel, ohne das Pferd einseitig mit Ihrem Gewicht zu belasten. Dieser Minimal-Aufwand kann oft schon die Lösung des Aufsitz-Problems bringen – achten Sie aber weiterhin darauf, den Rücken des Pferdes durch entsprechendes Training zu unterstützen und nicht zu überlasten.

Bei Sattelzwang

Leidet ein Pferd unter Sattelzwang, müssen sowohl das Aufsatteln als auch das Aufsitzen mit besonderer Vorsicht angegangen werden. Erkennen können Sie einen bestehenden Sattelzwang daran, dass das Pferd beim Satteln und Angurten unruhig und ängstlich wirkt, stöhnt oder ausweicht und in extremen Fällen auch Panikreaktionen zeigt. In diesem Fall müssen Sie sich vor allem Zeit nehmen, das Pferd sehr langsam angurten und zur Entspannung immer wieder führen.

Wichtig:

Rückenschmerzen sind ein sehr ernst zu nehmendes Leiden. Sie müssen umgehend berücksichtigt und fachgerecht therapiert werden.

! Wichtig:

Sattelzwang kann Panik-reaktionen auslösen und schwere Stürze verur-sachen. Ein zwängiges Pferd muss im eigenen Interesse ruhig, geduldig und rücksichtsvoll be-handelt werden.

Erst wenn der Sattel fest sitzt und das Pferd keine Anzeichen akuter Panik zeigt, sollten Sie aufsitzen. Auch hier kann eine Aufsteige-bank gute Dienste leisten.

Steht das Pferd beim Aufsitzen still, empfiehlt es sich, zügig anzureiten und keinesfalls di-rekt im Stand nachzugurten. Geht das Pferd beim Aufsitzen los, zeigt aber keine Panik, so dürfen Sie dies gegebenenfalls tolerieren, je nach Schwere des Zwangs.

Bei Ignoranz
Ignoranz und Nervosität sind nicht dasselbe, beobachten Sie deshalb Ihr Pferd genau: Während das nervöse Pferd die eigene Unru-he nicht beherrschen kann, wirkt das ignoran-te Pferd schon beinahe cool. Selbstverständ-lich setzt es sich über die Wünsche des Men-schen hinweg, ohne jede Hektik entzieht es sich bewusst den Hilfen des Reiters.

Hier ist vor allem – wie immer in der Erzie-hung – Konsequenz gefragt. Bestehen Sie ru-hig, aber bestimmt darauf, dass das Pferd ste-henbleibt, und zwar bei jedem Aufsitzen. Ge-lingt dies nicht, halten Sie das Pferd erneut an, lassen Sie es ein paar Sekunden ruhig stehen, ehe es losgehen darf. Wer hier konsequent bleibt, wird auf Dauer auch Erfolg haben.

Ein schmerzfreies und gut erzogenes Pferd wird bereit-willig stillstehen und den Reiter auf-sitzen lassen.

> **!**
>
> ## Wichtig:
>
> Bei einem nervösen Pferd darf nicht nur die auslösende Situation betrachtet werden, vielmehr muss das gesamte Umfeld des Pferdes überprüft werden, dazu gehören auch Fütterung und Haltungsbedingungen.

Eine generelle Verbesserung des Reiter-Pferd-Verhältnisses durch vermehrte Beschäftigung an der Hand ist auch bei diesem Problem eine Erfolg versprechende Maßnahme.

Nervosität:

Nervöse Pferde zeigen häufig eine gewisse Unsicherheit. Doch auch besonders eifrige Pferde können nervös werden, wenn die Ungeduld sie übermannt. Lassen Sie sich davon nicht anstecken – infizieren Sie stattdessen das Pferd mit Ihrer eigenen Ruhe und Gelassenheit.

Manche Pferde reagieren nervös auf zu hohe Kraftfuttergaben: Überprüfen Sie deshalb die Fütterung in Absprache mit einem Fachmann (gleiches gilt für die Haltung).

Sitzen Sie in Ruhe auf oder führen Sie das Pferd eventuell, bis es sich beruhigt hat. Ausgedehnte Spaziergänge an der Hand, Bodenarbeit, Dominanztraining und Vertrauensaufbau tun ein Übriges, um dieses Problem langfristig zu lösen.

Wenn das Pferd unterwegs unter dem Reiter nicht stillsteht

Für Pferde, die unter dem Reiter nicht stillstehen, gilt im Wesentlichen das bereits Gesagte. Oft sind es allerdings nervöse oder heftige Pferde, die gerade in fremder Umgebung während eines Ritts nicht stillstehen können. In diesem Fall können Sie das Pferd mit Ihrer Stimme beruhigen.

Manches Pferd drängt dagegen heim in den Stall – hier kann es helfen, wenn Sie das Tier so wenden, dass es nicht Richtung Stall blickt. Wer sein Pferd nicht beruhigen kann, sollte das Problem besser langfristig angehen, als durch einen Machtkampf auf der Stelle ein unnötiges Risiko einzugehen.

Wenn das Pferd durchgeht

Das Durchgehen eines Pferdes im Gelände ist ein sehr ernst zu nehmendes Problem, da Pferd, Reiter und Mitreiter sowie andere Verkehrsteilnehmer in ernste Gefahr gebracht werden können: Das Pferd entzieht sich den Hilfen des Reiters und ist nicht mehr zu kontrollieren.

Grundsätzlich ist zu unterscheiden, ob ein Pferd im Galopp davonstürmt oder im Schritt oder Trab nicht zu regulieren ist.

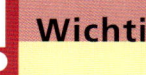

Wichtig:

Selbstverständlich sitzt ein Reiter ab, wenn er länger an einem Ort verweilen möchte – ein Pferd ist schließlich kein Sofa!

Durchgehen im Galopp

Normalerweise verstehen wir unter dem »Durchgehen« eines Pferdes das Durchgehen im Galopp. Das Tempo des Pferdes ist nicht zu regulieren, es läuft mit Höchstgeschwindigkeit und meist ohne Rücksicht auf Verluste davon. Besonders gefährlich wird dies, wenn Asphaltwege und befahrene Straßen gekreuzt werden oder das Pferd gar auf diese abwendet.

Im unkontrollierten Dahinstürmen achtet das Pferd meist nicht mehr auf Gefahrenquellen. Auch die Einwirkung des Reiters wird beim Durchgehen ignoriert.

Es gibt verschiedene Ursachen für dieses Verhalten; überprüfen Sie, welche Ursache bei Ihrem Pferd zutrifft.

Zunächst sollten Sie gesundheitliche Gründe, zum Beispiel Schmerzen, ausschließen. An zweiter Stelle steht die Überprüfung der Ausrüstung.

Besonders bei jungen und unausbalancierten Pferden kann es vorkommen, dass sie Angst vor der eigenen Geschwindigkeit bekommen. Sie laufen dann gleichsam ihrem Schwerpunkt hinterher und werden unwillkürlich schneller. Dieses Problem lässt sich durch bedachtes Training und Gymnastizierung des Pferdes lösen.

Andere Pferde haben einfach Freude am Laufen, sie suchen ein Ventil für ihre überschüssige Kraft und Lebensfreude. Beim Galopp im Gelände entwickelt die Bewegung sozusagen eine Eigendynamik: Aus der ruhigen Galoppade wird nach und nach ein immer schnelleres Dahinstürmen, bis alles andere (beispielsweise die Hilfengebung des Reiters) in den Hintergrund tritt, kaum noch wahrgenommen oder auch bewusst ignoriert wird – das Pferd geht durch.

Anders reagieren ängstliche Pferde. Ihnen reicht die geringste Ursache für eine panische Flucht im unkontrollierten Galopp. Auch sie nehmen die Hilfen des Reiters nicht mehr richtig war, die Panik beherrscht sie. Ein Effekt, den man auch umgekehrt beobachten kann: Nicht die Panik verursacht den Galopp, sondern der Galopp die Panik. Pferde in freier Wildbahn erreichen ihre Höchstgeschwindigkeit meistens bei der Flucht. Das hohe Tempo suggeriert dem Pferd also, dass es einen Grund zur Flucht gibt, denn Tempo und Furcht sind eng miteinander verknüpft.

! Wichtig:

Höchstgeschwindigkeit wird stets nur kontrolliert und auf bekannt sicheren Strecken geritten. Ein solches »Rennen« setzt aber unbedingt ein durchlässiges Pferd und einen sicheren Reiter voraus.

Lösungsansätze

Auch wenn unterschiedliche Ursachen verschiedene Lösungsansätze brauchen, so ist die erste Reaktion in einer kritischen Situation doch dieselbe: Bleiben Sie ruhig, bewahren Sie die Übersicht und passen Sie sich im leichten Sitz mit festem Knieschluss zunächst dem Tempo des Pferdes an. Ihr erstes Anliegen muss es sein, Gefahrenquellen rechtzeitig zu erkennen und so weit als möglich durch Richtungswechsel zu vermeiden.

Wenn genug Platz ist, lenken Sie das Pferd in kleiner werdende Kreise. Vergessen Sie nie den Außenzügel! Zwar wird der Innenzügel zum Abwenden deutlich angenommen (notfalls auch etwas gröber, erstes Ziel ist jetzt die Sicherheit von Pferd und Reiter!), doch der Außenzügel steht gleichermaßen fest an und hilft so dem Pferd dabei, das Gleichgewicht zu bewahren. Lassen Sie sich nicht dazu verleiten, das Pferd zu eng und heftig herumzureißen, sonst riskieren Sie einen Sturz.

Besteht diese Möglichkeit abzuwenden nicht, müssen Sie auf gerader Strecke versuchen, die Kontrolle wiederzuerlangen. Auch bei dringlichem Handlungsbedarf sollte man die eigenen Kräfte nicht überschätzen. Es nützt nichts, sich zu verausgaben und so das Risiko noch zu erhöhen – das Pferd ist auf jeden Fall stärker. Setzen Sie statt auf Kraft besser auf Kommunikation!

So vergeudet der Reiter sinnlos seine Kräfte und steigert eventuell noch die Panik seines Pferdes. Sinnvoller ist der leichte Sitz, verbunden mit einem kurzen Zügelmaß und annehmenden-nachgebenden Zügelhilfen.

Wichtig:

Die vorgestellten Maßnahmen betreffen die konkrete Gefahrensituation. Ebenso wichtig ist es jedoch, das Problem ursächlich anzugehen, sodass Reiter und Pferd auf lange Sicht wieder unbeschwert ins Gelände gehen können.
Bewahren Sie in jedem Fall Ruhe und Übersicht.

Vorsichtige und feine Hilfen sind in einer solchen Situation fehl am Platze, denn sie werden die Aufmerksamkeit des Pferdes nicht erregen. Und wie bereits erwähnt, wird auch der Einsatz von reiner Körperkraft (beispielsweise das Zerren an den Zügeln) das Pferd nicht zur Räson bringen. Unter Umständen können solche Maßnahmen das Pferd in seinem Davonstürmen sogar bestärken, dann nämlich, wenn seine Angst durch die ihm zugefügten Schmerzen noch gesteigert wird.

Die einzige Möglichkeit, das Pferd mit deutlichen Signalen zu erreichen, ohne sinnlos Kräfte zu verschwenden, besteht im Annehmen und Nachgeben: Beim Annehmen werden die Zügel deutlich verkürzt gehalten und dann wieder nachgegeben. Dies wird so lange wiederholt, bis das Pferd eine Reaktion zeigt. Dann kann wieder zu feiner werdenden Hilfen übergegangen werden.

Schon vor dem eigentlichen Durchgehen muss der Reiter eines ängstlichen Pferdes einige Verhaltensregeln beachten. Wenn das Pferd Nervosität zeigt, zackelt und zur Schreckhaftigkeit neigt, ist es am wichtigsten, selbst entspannt zu bleiben. Es nützt nichts, ein solches Pferd immer kürzer zu nehmen, zu bremsen und ständig kontrollieren zu wollen; im Gegenteil, dieses Verhalten signalisiert dem Pferd, dass es tatsächlich einen Grund für seine Nervosität gibt – wäre der Reiter sonst so angespannt? Schritt am langen Zügel ist hier die beste Therapie. Wenn das Pferd anzackelt, wird es ruhig, aber konsequent durchpariert – und wieder lang gelassen. Das kann durchaus zu einer Geduldsprobe werden! Erschrickt das Pferd, wird ihm Zeit gegeben, sich den betreffenden Gegenstand in Ruhe anzuschauen. Dann wird ruhig und kontrolliert daran vorbeigeritten, notfalls auch geführt. Sprechen Sie beruhigend mit dem Pferd.

Wichtig:

Die Grundausbildung auf dem Viereck ist die Voraussetzung für ein gefahrloses Miteinander im Gelände.

Langfristige Abhilfe

Grundsätzlich gilt bei jedem Pferd, gleich ob selbstbewusst und gehfreudig oder ängstlich und zur Panik neigend, dass die Korrektur im Viereck beginnt. Ziel ist es, die Durchlässigkeit des Pferdes zu verbessern. Erst wenn das Pferd in der Bahn korrekt an den Hilfen steht und auch auf feine Einwirkungen des Reiters prompt und zuverlässig reagiert, sind beide reif fürs Gelände. Dennoch kann sich das Pferd in »freier Wildbahn« anders verhalten als im begrenzten Viereck der Reitbahn. Daher gilt es, auch hier an der Durchlässigkeit zu arbeiten und sich die Aufmerksamkeit des Pferdes zu sichern. Übergänge zwischen den einzelnen Gangarten und Wendungen (beispielsweise groß angelegte Volten auf freiem Feld) sind hierfür besonders gut geeignet. Dabei wird ruhig und langsam begonnen, Tempi und Gangarten werden erst gesteigert, wenn das Pferd sensibel auf die Reiterhilfen reagiert.

Der Reiter eines ängstlichen Pferdes ist in besonderem Maße gefordert. Ihm fällt die Aufgabe zu, sich das Vertrauen und den Respekt seines Pferdes zu erwerben, sodass es sich in gefährlich scheinenden Situationen seiner Führung anvertraut. Der tägliche Umgang an der Hand und im Stall ist hierfür ebenso entscheidend wie sicheres und feinfühliges Reiten. Bodenarbeit kann unterstützend wirken und darüber hinaus dazu beitragen, das Pferd an »gefährliche« Gegenstände und Situationen zu gewöhnen.

Durchgehen im Trab und Schritt

Pferde, die in langsameren Gangarten durchgehen, sich also der Kontrolle des Reiters entziehen, tun dies nicht aus Angst oder gar Panik. Meist handelt es sich bei diesen Tieren um sehr unabhängige Charaktere, die gerade etwas Wichtigeres zu tun haben, als auf ihren Reiter zu hören: Vielleicht lockt sie der heimische Stall, Futter am Wegrand oder sie haben einen Artgenossen entdeckt, den sie unbedingt begrüßen müssen – lauter Dinge, die für das Pferd sehr viel interessanter sind als der in diesem Fall meist recht hilflose Reiter.

Auch wenn das langsame Durchgehen auf den ersten Blick harmlos erscheint, sind die Gefahren doch nicht zu unterschätzen. Auch im Schritt und Trab kann man vor ein Auto geraten oder an einem Engpass abgestreift werden.

Lösungsansätze

Zusätzlich zu den für den Galopp beschriebenen Möglichkeiten, das Pferd wieder unter Kontrolle zu bringen, hat der Reiter nun noch eine weitere (wenn man davon ausgeht, dass er nicht dem Pferd die alleinige Führung überlassen möchte): Er kann abspringen und das Pferd vom Boden aus anhalten. Ehe Sie sich jedoch zu diesem Schritt entschließen, sollten Sie sich über die tatsächliche Geschwindigkeit und die Bodenverhältnisse im Klaren sein. Dieses Manöver birgt immer ein Risiko: Sie können stürzen oder die Zügel verlieren – dann ist das Pferd weg, oder Sie landen zwar sicher und halten die Zügel fest – aber das Pferd ignoriert Sie weiterhin und schleift Sie mit. Es empfiehlt sich daher auf jeden Fall, es zunächst mit Abwenden und Annehmen-Nachgeben zu versuchen.

Die langfristige Lösung liegt klar auf der Hand: Der Reiter muss dem Pferd so viel Respekt abnötigen, dass es ihn nicht nur wahr-, sondern auch ernst nimmt. Wie bei der Erziehung am Boden ist auch im Sattel absolute Konsequenz gefragt – und vorausschauendes Reiten: Verhindern Sie deshalb einen Durchgeh-Versuch nach Möglichkeit bereits im Ansatz.

Kontrolle durch Ausrüstung?
Grundsätzlich kann ein solches Problem langfristig durch Ausrüstungsgegenstände wie schärfere Gebisse oder Hilfszügel nicht behoben werden. Scharfe Gebisse gehören ausschließlich in die Hände guter Reiter und dienen der verfeinerten Kommunikation, nicht der Gewaltanwendung.

> **! Wichtig:**
>
> - Auch in niedrigeren Gangarten muss der Reiter jederzeit Tempo und Richtung bestimmen können.
>
> - Gutes Reiten kann nicht durch Ausrüstung ersetzt werden!

Wenn das Pferd faul ist

Während der eine Reiter sich nichts sehnlicher wünscht, als sein Pferd einmal langsam durchs Gelände zu bewegen und auf Anhieb bremsen zu können, wäre der andere schon glücklich, wenn sich sein Pferd überhaupt einmal freiwillig bewegen würde.

Wie Menschen, so sind auch Pferde unterschiedlich veranlagt und einige wissen Ruhe und Bequemlichkeit mehr zu schätzen als andere. Doch allein mit der Veranlagung ist es nicht zu erklären, wenn ein Pferd die Mitarbeit verweigert – und das tun so genannte »faule« Pferde in den meisten Fällen.

Lösungsansätze
Verfassungsprüfung
Erneut gilt die erste Frage dem Gesundheitszustand des Vierbeiners. Hier spielen neben ernsthaften körperlichen Beschwerden auch die generelle Konstitution, der Trainingszustand und die Kondition des Pferdes eine große Rolle.

Wird ein Pferd körperlich überfordert, reichen Kraft und Kondition nicht aus, um die Anforderungen des Reiters zu erfüllen, so wird es schnell als faul abgestempelt – obwohl hier der Reiter versagt, in dessen Verantwortung es liegt, sein Pferd sinnvoll aufzubauen und zu fördern, ohne es zu überfordern.

Wichtig:

Nur ein körperlich und geistig gesundes Pferd zeigt Freude an der Arbeit.

Gleiches gilt für die geistige Forderung. Pferde sind generell lernwillig und lernfähig, doch sie brauchen auch Zeit, das Gelernte zu verarbeiten und zu festigen. Werden immer neue Anforderungen gestellt, ehe das bereits Gelernte sozusagen »verdaut« ist, wird das Pferd überfordert – daraus resultieren Verwirrung, Unlust und Vertrauensverlust.

Ausrüstungscheck

Der nächste Blick gilt der Ausrüstung. Als erstes wird sichergestellt, dass alles richtig passt und sitzt. Dann wird überprüft, ob man nicht ein bisschen zu viel des Guten getan hat. Anders ausgedrückt: Wie viel Leder trägt das Pferd, und wie viel »Waffen« trägt der Reiter mit sich herum? Gerade triebige Pferde werden oft mit Gerte und Sporen geritten. Oft werden sie aber auch noch mit den unterschiedlichsten Hilfszügeln ausgestattet – vom Martingal über den so genannten Halsverlängerer bis zum Schlaufzügel ist hier oft alles dabei. Man muss sich kritisch fragen, ob das wirklich nötig ist.

Eine Ausrüstung, die über eine einfache Zäumung und den Sattel hinausgeht, dient oft dem Zwang. Die Sporen werden nicht angeschnallt, um die Kommunikation zu verfeinern, sondern um das Pferd vorwärts zu treiben; gleiches gilt für die Gerte. Hilfszügel werden viel zu oft nicht mit der nötigen Vorsicht situationsgebunden eingesetzt, sondern prinzipiell eingeschnallt. Tut man das, weil es so üblich ist? Das Pferd seinen Kopf sonst nicht herunter nimmt?

Wichtig:

Die Ausrüstung wird auf das Notwendige reduziert. Weniger ist auch in diesem Fall mehr!

Eigene reiterliche Unzulänglichkeiten sonst womöglich noch deutlicher zu Tage treten? Es gibt viele Gründe, aber nur wenige rechtfertigen den Einsatz von Hilfszügeln.

Ein Pferd, das so eingeengt wird (von hinten wird es getrieben, von vorn gemaßregelt), kann auf zwei Arten reagieren: Entweder es stumpft ab, ergibt sich in sein Schicksal und ist »faul« – oder es wehrt sich etwas deutlicher und energischer.

Ausgedehnte Ausritte gehören in jeden Trainingsplan: auch Pferde brauchen Abwechslung und Entspannung.

Entfernen Sie in diesem Fall eher überflüssige Ausrüstungsgegenstände: Eine weiche Zäumung, ein passender Sattel und eine Gerte genügen, letztere dient jedoch lediglich zur Unterstützung der Kommunikation. Das Problem ist damit zwar noch nicht gelöst, wohl aber sind die Voraussetzungen dafür geschaffen.

Reiterliche Kompetenz
Jetzt gilt es die eigenen reiterlichen Qualitäten kritisch zu überprüfen. Können Sie dem Pferd zweifelsfrei vermitteln, was Sie von ihm wollen? Fallen Sie ihm nicht in den Rücken, ziehen und zerren Sie nicht unmotiviert am Zügel?
Ohne eine klare Hilfengebung kann kein Pferd die gestellte Aufgabe erfüllen. Der Reiter muss sich konsequent überprüfen und beobachten.
Ist die Hilfengebung korrekt, aber das Pferd reagiert nicht angemessen, könnte es daran liegen, dass es bereits abgestumpft ist, weil es schon so viele negative Erlebnisse hatte. Ein solches Pferd kann man aber durchaus wieder zu einem aufmerksamen und arbeitsfreudigen Freizeitpartner „umfunktionieren" – doch das erfordert Zeit, Konsequenz und vor allem reiterliches Können.
Es gilt, das Pferd erneut für feine Hilfen zu öffnen. Der Reiter beginnt jede Lektion mit leichten Hilfen, besteht jedoch bei Misserfolg energisch auf einer Reaktion. Das Pferd wird an die feine Hilfengebung herangeführt – und lässt es sich erst einmal mit feinen Hilfen reiten, wird es auch wieder mehr Freude an der Arbeit unter dem Reiter finden.

Hat das Pferd Langeweile?
Nachdem die meisten Ursachen für die Faulheit des Pferdes ausgeschlossen wurden, gilt es den Trainingsplan einer kritischen Prüfung zu unterziehen.
Wir kennen das von uns selbst: Eine gewisse Regelmäßigkeit gibt uns Sicherheit, doch Eintönigkeit schafft Langeweile – und Langeweile tötet Motivation.

Das gilt auch für unsere Vierbeiner. Wer tagein, tagaus die gleichen Lektionen mit seinem Pferd abspult, wer immer nur innerhalb der vier Wände einer Reithalle unterwegs ist, wer seinem Pferd keine Abwechslung gönnt, der muss sich nicht wundern, wenn es lustlos und träge wird.
Gestalten Sie deshalb das Trainingsprogramm so abwechslungsreich wie möglich.

Bei faulen Pferden

- Überprüfen Sie kritisch Ihre reiterliche Kompetenz.
- Gestalten Sie das Training so abwechslungsreich und interessant, dass das Pferd freudig mitarbeitet.

Es sollte Dressurarbeit (egal welcher Reitweise), Springgymnastik (tut jedem Pferd gut!) und Ausritte ebenso beinhalten wie Boden- und Longenarbeit, Spaziergänge und auch mal reine Weidetage. Und achten Sie auch während der Arbeit immer darauf, dass das Pferd entspannt, locker und zufrieden ist.

Wenn das Pferd mit dem Kopf schlägt

Das Kopfschlagen eines Pferdes kann dem Reiter erhebliche Schwierigkeiten bereiten und sogar zur ernsten Gefahr werden, wenn das Pferd dabei steigt.
Schließen Sie zunächst wieder gesundheitliche Schäden aus. Dann überprüfen Sie, ob die Ausrüstung sitzt und passt – beim Kopfschlagen lohnt sich auf jeden Fall auch ein genauerer Blick auf das Mundstück. Selbst wenn es eigentlich passt, haben Pferde doch individuelle Vorlieben und Abneigungen, die sie gegebenenfalls auch deutlich zum Ausdruck bringen.
Es gibt drei Hauptursachen für das Kopfschlagen eines Pferdes, wenn wir Gesundheitszustand und Ausrüstung einmal beiseite lassen.
Auch ein gesundes Pferd kann Rückenschmerzen bekommen, wenn der Reiter nicht geschmeidig und locker sitzt, sondern steif in den Sattel plumpst – manche Pferde stecken so etwas besser weg, andere reagieren empfindlicher.

Das Kopfschlagen ist ein Versuch, dem unangenehmen Druck auszuweichen und dem Missfallen darüber Ausdruck zu verleihen.

Eine harte und unsensible Reiterhand kann dazu führen, dass das Pferd mit dem Kopf schlägt, weil es dem permanenten Druck oder den Rucken im Maul ausweichen möchte.

Und dann gibt es noch Pferde, die das Kopfschlagen quasi als Meinungsäußerung einsetzen: Sie signalisieren damit, dass sie keine Lust haben, sich ärgern oder auch wütend sind. Solche Pferde erkennt man allerdings oft schon im Freilaufen ohne Reiter: Auch hier schlagen sie mit dem Kopf, sobald ihnen etwas nicht so recht passt, eine Angewohnheit, die sie auch unter dem Reiter nicht ablegen.

Lösungsansätze

Das Kopfschlagen wird oft nicht genügend ernst genommen. Die Versuchung ist groß, zu drastischen Mitteln zu greifen, um dem lästigen Gehampel ein Ende zu bereiten: Schnell werden Hilfszügel eingeschnallt oder scharfe Gebisse eingesetzt – kurzfristige Erfolge können dadurch tatsächlich erzielt werden.

Doch das Problem wird sich so nicht langfristig lösen lassen. Wenn das Pferd sich mit Kopfschlagen gegen ihm zugefügte Schmerzen wehrt, muss man der Sache auf den Grund gehen. Das kann bedeuten, dass man an seinen Reitkünsten arbeiten muss, um die Situation zu verbessern. Dann kann das Pferd auch wieder Freude empfinden, wenn es geritten wird.

Aber auch wenn ein Pferd durch Kopfschlagen nur seinem Missmut Ausdruck verleiht, sollte uns das Anlass zum Nachdenken geben. Denn hier fehlt offensichtlich die Begeisterung für die Arbeit unter dem Reiter! Wer nur die Symptome bekämpft, wird keinen dauerhaften Erfolg haben.

! **Wichtig:**

Kopfschlagen ist eine Unmutsäußerung des Pferdes, die ernst genommen werden muss.

Anforderungen an den Reiter

Bei der Korrektur eines kopfschlagenden Pferdes unter dem Reiter sind mehrere Dinge zu beachten.

Voraussetzung für eine solche Korrektur ist natürlich zunächst ein korrekter und zügelunabhängiger Sitz, der es dem Reiter ermöglicht, sanft mit der Bewegung des Pferdes mitzugehen, ohne ihm Stöße in den Rücken zu geben. Dann braucht er noch eine weiche Hand, die eine konstante Anlehnung ermöglicht.

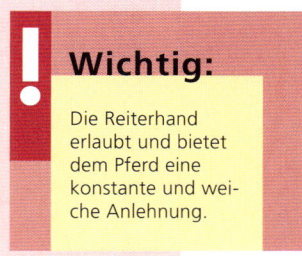

Wichtig:

Die Reiterhand erlaubt und bietet dem Pferd eine konstante und weiche Anlehnung.

Hat sich ein Pferd aber das Kopfschlagen erst einmal angewöhnt, ist das Problem mit der Beseitigung der ursprünglichen Ursache noch nicht automatisch behoben.

Wenden wir uns noch einmal der weichen Reiterhand zu: Was ist damit eigentlich gemeint? Zunächst natürlich eine Hand, deren Zügeleinwirkung weich, also nicht zerrend, ziehend, ruckend – eben hart – ist. Was so plausibel klingt, ist in der Umsetzung allerdings ziemlich komplex.

Ein weicher Zügel ist kein langer Zügel – ein zu langer Zügel schlackert und gibt dem Pferdemaul so Rucke, die der Reiter weder beabsichtigt noch willentlich beeinflusst. Ein weicher Zügel hält eine konstante Verbindung, die jedoch nicht starr ist. Voraussetzung hierfür ist die korrekte Haltung von Arm und Hand des Reiters. Nur dann ist der Reiter in der Lage, flexibel zu reagieren, besagte weiche und konstante Verbindung aufrechtzuerhalten und seine Hilfengebung fein zu dosieren. Werden die Hände zu hoch gehalten oder heruntergedrückt, die Handgelenke verkrampft und verdreht, ist dies nicht möglich. – Die Spannungen in Armen und Händen des Reiters landen da, wo sie nicht hingehören: im Pferdemaul. Außerdem gilt: Das Reiten mit weicher Hand ist nur dann möglich, wenn die Zügelhilfen den ihnen zukommenden Stellenwert haben – in erster Linie wird mit Gewichts- und Schenkelhilfen geritten!

Sofortmaßnahmen

Um Spannungen zu vermeiden, muss der lösenden Phase bei jeder Reitstunde besondere Aufmerksamkeit geschenkt werden. Achten Sie besonders darauf, dass Sie das Pferd vom Innenzügel her lösen und am Außenzügel reiten.

Wenn ein Pferd mit dem Kopf schlägt, tut es dies meist mit geradem Hals. Es holt einen gewissen »Anlauf«, indem es sich vorher aus der Anlehnung zurückzieht – nun ist es frei und kann den Kopf ohne Behinderung durch die Zügel ruckartig und schwungvoll bewegen. Es ist daher sinnvoll, das Pferd möglichst viel in Stellung zu reiten – mit korrekt gestelltem Hals fällt das Kopfschlagen schwerer. Achten Sie außerdem darauf, dass die Anlehnung stets erhalten bleibt. Das Pferd muss konstant an das Gebiss herangeritten werden (nicht durch Ziehen am Zügel, sondern durch konsequenten Einsatz von Schenkel und Gewicht!). Mit dem Kopfschlagen entzieht es sich der Anlehnung und Einwirkung des Reiters. Aufgabe des Reiters ist es, die Verbindung zum Pferdemaul nicht aufzugeben – auch wenn's schwerfällt! Dabei darf es zu keinem Ruck im Maul kommen, und es darf auch nicht am Zügel gezogen werden.

Wenn das Pferd merkt, dass, egal, was es tut, die Verbindung nicht abreißt, aber auch nicht schmerzt, ist man schon einen großen Schritt weiter.

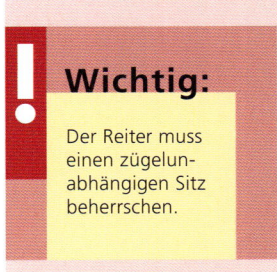

Wichtig:

Der Reiter muss einen zügelunabhängigen Sitz beherrschen.

Wenn das Pferd steigt

Das spontane Steigen eines Pferdes ist in jedem Fall gefährlich. Wer das Pferd vom Boden aus führt, gerät leicht in den gefährlichen Bereich der Vorderhufe, die den Kopf treffen können. Wer als Reiter im Sattel sitzt, läuft Gefahr, sich mit dem Pferd zu überschlagen und dabei unter dem Pferd zu landen.

Wichtig:

Steigen darf dem Menschen gegenüber auch in spielerischer Form nicht geduldet werden.

Beim Freizeitpferd sollte jede Form des Steigens von vornherein unterbunden und auf keinen Fall gefördert oder gar provoziert werden. Das Risiko ist schwer abzuschätzen, auch bei friedlichen und braven Tieren. Ist ein Pferd erst einmal zu einem »gewohnheitsmäßigen« Steiger geworden, so ist die Korrektur dieses Pferdes mit großem Risiko verbunden und gehört daher unbedingt in die Hände eines Fachmanns. Hier lautet die Devise: Wehret den Anfängen! Und dies geschieht natürlich in erster Linie durch eine konsequente Erziehung des Pferdes.

Der Hilferuf des Pferdes

Unter dem Reiter ist das Steigen meist nicht spielerischer Natur. Vielmehr versucht das steigende Pferd einen Ausweg aus einer beengenden und unangenehmen Situation zu finden. Deshalb ist das Steigen eines Pferdes oft eine Reaktion auf den Fehler seines Reiters.

Unterschiedliche Situationen können das Steigen eines Pferdes unter dem Reiter auslösen.

So wird es zum Beispiel schnell gefährlich, wenn das Pferd von hinten getrieben und vorn stark festgehalten wird, ohne dass es versteht, was der Reiter von ihm will. Dies ist oft zu beobachten, wenn ein Pferd etwa das Rückwärtsrichten noch nicht beherrscht: Anstatt zurückzutreten, versucht es irgendwann, sich dem fortwährenden Druck der treibenden Hilfen des Reiters und der stark rückwärts wirkenden Zügelhilfen durch ein Ausweichen nach oben zu entziehen – es steigt, weil es nicht mehr weiß, wohin.

Auch bei anderen Lektionen kann es zu Missverständnissen kommen, die darin gipfeln, dass der Reiter in seiner Hilfengebung immer heftiger und gröber wird, bis das Pferd keinen Ausweg mehr sieht.

Allerding muss nicht immer eine deutliche Krisensituation vorliegen, damit ein Pferd zu steigen beginnt. Eine harte, gefühllose und unnachgiebige Reiterhand kann gerade auch (allerdings nicht nur) bei jungen Pferden heftige Reaktionen provozieren, die über das Kopfschlagen zum Steigen führen können. Wer sein Pferd durch eine unnachgiebige und rückwärts wirkende Zügelführung vorn stets blockiert, gibt ihm keine Möglichkeit, sich zu lösen und dauerhaft schmerzfrei unter dem Reiter zu gehen.

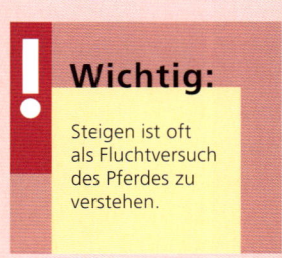

Wichtig:

Steigen ist oft als Fluchtversuch des Pferdes zu verstehen.

Lösungsansätze

In der konkreten Gefahrensituation kann der Reiter versuchen, das Steigen bereits im Ansatz zu verhindern, indem er abwendet (in der engen Wendung kann das Pferd sich nicht auf die Hinterbeine erheben) und generell frei vorwärts reitet. Gelingt es ihm nicht, das Steigen zu verhindern, muss er seinen Schwerpunkt so weit wie möglich nach vorn verlagern und versuchen, die Vorhand des Pferdes wieder auf den Boden zu bringen. Sobald das Pferd sich überschlägt, ist es wichtig, möglichst schnell vom Pferd weg abzurollen. Schaffen Sie eine Distanz zwischen sich und dem Pferd (das auch beim Aufstehen oft noch einmal herumrollt und dabei den Reiter verletzen kann).

Besser ist es natürlich, dem Pferd gar nicht erst einen Grund zum Steigen zu geben. Voraussetzung dafür ist ein Gespür für das Pferd: Versteht es, was ich von ihm möchte? Ist es in der Lage, der neuen Anforderung gerecht zu werden? Grundsätzlich gilt: Wenn ein Pferd auf die Hilfengebung des Reiters nicht angemessen reagiert, muss dieser zunächst Missverständnisse ausschließen. Die Übung wird unterbrochen und nach erneuter Vorbereitung wiederholt. Versuchen Sie nicht, durch den Einsatz von bloßer Körperkraft beispielsweise durch das Zerren am Zügel oder immer stärkeren Schenkeldruck den gewünschten Effekt zu erzielen! Dies bedrängt das Pferd nicht nur, sondern führt auch zu einer Abstumpfung gegenüber feinen Hilfen. Einem Annehmen des Zügels muss immer ein Nachgeben folgen. Die so genannte durchhaltende Zügelhilfe besteht ebenfalls nicht in einem durchhaltenden Ziehen am Pferdemaul, sondern lediglich in einem Stehenlassen der Hand. Zügelhilfen werden niemals isoliert gegeben, sondern sind immer im Zusammenhang mit Schenkel- und Gewichtshilfen zu sehen – sie dienen nicht dem Zwang, sondern der Kommunikation mit dem Pferd.

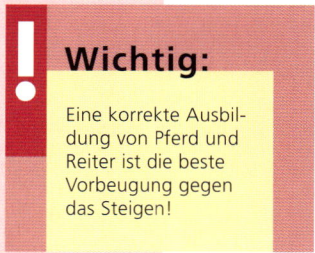

! Wichtig:

Eine korrekte Ausbildung von Pferd und Reiter ist die beste Vorbeugung gegen das Steigen!

Wenn das Pferd bockt

Besonders unangenehm für den Reiter ist es auch, wenn das Pferd bockt – dann gerät er schnell in Handlungsnot. Es erfordert oft schon alles Können, im Sattel zu bleiben; dabei auch noch zu korrigieren und dem Geschehen entgegenzuwirken, ist in vielen Situationen nicht möglich.

Wieder steht bei der Ursachenforschung die Frage nach der Gesundheit des Pferdes an erster Stelle. Sattelzwang beispielsweise kann sich in Bocksprüngen äußern, und auch Rückenschmerzen können dazu führen, dass das Pferd versucht, das schmerzende Gewicht auf seinem Rücken loszuwerden. In diesem Fall muss ein Tierarzt hinzugezogen werden.

Die Angst vor dem Raubtier auf dem Rücken hat sich auch in der langen Geschichte des domestizierten Pferdes nicht ganz verloren.

Angst kann ebenfalls zum Auslöser für Bocksprünge werden.

Beim bockenden Pferd verdient die Haltung eine besonders intensive Betrachtung: Sowohl falsche Fütterung als auch mangelnde Bewegung können dazu führen, dass sich die aufgestaute Energie unter dem Reiter in Bocksprüngen entlädt.

Allerdings kommt es auch vor, dass artgerecht gehaltene und sinnvoll gefütterte Pferde ihrer Lebensfreude auf diese Weise Ausdruck verleihen – oft auch jahreszeitlich- oder witterungsbedingt. Wer ein solch lebenslustiges Pferd sein Eigen nennt, tut gut daran, die eigene Sattelfestigkeit zu verbessern. Es kann hilfreich sein, das Pferd vor dem Reiten zunächst aufzuwärmen und dann frei laufen zu lassen – so kann es sich erst einmal austoben.

Ein Sonderfall ist das Bocken des Jung-
pferdes beim ersten Aufsitzen. Die
Furcht vor dem Raubtier auf dem
Rücken ist auch in unseren domestizierten Pferden noch tief verwurzelt; es
liegt am Reiter, dem jungen Pferd diese
Angst zu nehmen und sein Vertrauen
zu erwerben. Ist das Verhältnis von
Pferd und Reiter vor dem Anreiten bereits ausreichend geklärt und gefestigt,
kommt es oft gar nicht mehr zu dieser
Abwehrreaktion.

Es ist wichtig, das »Aha-Erlebnis« zu ver-
meiden: »Ahaa – ich bocke, und schon bin ich das lästige Gewicht los – Klasse!«
Unabhängig von der ursprünglichen Motivation des Pferdes besteht immer die
Gefahr, dass sich die Verhaltensweise verselbständigt, wenn das Pferd entdeckt, dass es auf diese Weise zuverlässig den Reiter los wird. Hier bleibt uns
nichts anderes übrig, als dem Pferd zu
beweisen, dass es sich irrt. Dies erfordert allerdings viel Sattelfestigkeit, Erfahrung und Sicherheit und die Lösung
des Problems sollte man daher im Zweifelsfall in die Hände eines Profis legen.
Die eigene Sicherheit geht immer vor –
zumal auch das Pferd durch jeden wei-
teren Sturz des Reiters in seinem Verhalten bestärkt wird.

**Um die Gefahr ei-
nes Sturzes zu ver-
ringern, muss der
Reiter den Kopf
des Pferdes hoch
halten und ener-
gisch vorwärts
reiten.**

! Vorsicht

- Hüten Sie sich vor Selbstüberschätzung – wenn Sie
  stürzen, bestärkt das Ihr
  Pferd in seinem Verhalten.
- Sie dürfen nicht bremsen,
  sondern müssen vorwärts-
  reiten.

Lösungsansätze

Wer sich bereits vor dem Aufsitzen darüber im Klaren ist, dass die Möglichkeit des Bockens besteht, tut gut daran, die Bügel nicht in Dressurlänge, sondern etwas kürzer zu verschnallen. Denn das Bocken des Pferdes lässt sich besser aussitzen, indem man eben nicht aussitzt, sondern in den leichten Sitz geht, mit sicher aufgenommenen Steigbügeln und festem Knieschluss. Auf diese Weise lassen sich die ruckartigen und stoßenden Bewegungen des Pferderückens leichter abfangen. Hindern Sie das Pferd daran, den Kopf zwischen die Vorderbeine zu nehmen, und halten Sie ihn so hoch wie möglich. Gleichzeitig treiben Sie energisch vorwärts. Wenn es Ihnen gelingt, die Energie des Pferdes vom »Aufwärts« des Bockens in ein »Vorwärts« umzuleiten, haben Sie schon fast gewonnen. Es ist nicht sinnvoll, ein bockendes Pferd anzuhalten, da sich die aufgestaute Spannung im Stand nicht »entladen« kann – das Pferd kommt nicht zur Ruhe.

Wenn das Pferd den Reiter abstreift

Wer einmal auf einem Pferd gesessen hat, das ihn an einer Mauer, einem Zaun oder der Bande abzustreifen versucht, wird dies sicher nicht vergessen: Es ist eine sehr gefährliche und schmerzhafte Erfahrung.

Auch hier muss man die Ursachen für dieses Verhalten sehr differenziert betrachten. Gerade beim so genannten Abstreifen des Reiters kann es sehr schnell zu Missverständnissen kommen. Manchmal wird dem Pferd fälschlich böse Absicht unterstellt.

Absichtliches Abstreifen

Wenn ein Pferd absichtlich versucht, den Reiter durch Abstreifen loszuwerden, so zeichnet sich diese Aktion vor allem durch eine klar erkennbare Zielstrebigkeit aus. Das Pferd ignoriert die Bestrebungen des Reiters, das Unglück zu verhindern; es lässt sich nicht lenken oder abwenden, sondern wird eher auch noch mit herumgezogenem Hals die eingeschlagene Richtung beibehalten. Genausowenig reagiert es auf Schenkelhilfen. Hier liegt eine klare Missachtung des Menschen vor. Langfristige Abhilfe kann wieder einmal nur konsequente Er-

ziehung schaffen, verbunden mit gutem Reiten, das heißt klarer Hilfengebung sowie verbesserter Durchlässigkeit und Zufriedenheit des Pferdes. In der konkreten Situation muss der Reiter zunächst vor allem darauf achten, nicht verletzt zu werden. Das kann auch bedeuten, dass er im Zweifelsfall absteigt, um das Risiko noch zu verringern.

Wenn das Pferd nach außen an die Bande drängt, versuchen viele Reiter instinktiv, das Pferd am Innenzügel herumzuziehen und so von der Wand weg-

Ein solcher Sturz durch tiefe Äste kann sowohl durch eine Widersätzlichkeit des Pferdes als auch durch die Unachtsamkeit des Reiters verursacht werden. Augen auf beim Ritt durch den Wald!

zulenken – ohne Erfolg. Ganz im Gegenteil müssen sie verstärkt auf die äußeren Hilfen achten Vor allem der Außenzügel kann die Rettung bringen. Generell begrenzt er das Pferd nach außen, ebenso wie der Außenschenkel, und verhindert vor allem in Wendungen das Ausbrechen Richtung Bande.

!

Wichtig:

Der Kopf des Pferdes wird nach außen gewandt, um das Bein des Reiters zu schützen.

Wenn Ihr Pferd entschlossen ist, Sie abzustreifen, stellen Sie es energisch nach außen, sodass der Kopf des Pferdes in Richtung des Hindernisses gewandt ist. Auf diese Weise entsteht ein »Sicherheitsabstand« zwischen Wand und Pferdeleib, sodass Ihr Bein und Ihr Knie nicht unmittelbar gefährdet sind.

Mangelndes Gleichgewicht

Völlig anders verhält es sich, wenn das Pferd gegen die Begrenzung der Reitbahn taumelt, wenn es sich also prinzipiell kooperativ zeigt, aber immer wieder nach außen drängt. In diesem Fall treffen mit großer Wahrscheinlichkeit zwei Dinge aufeinander: ein unausbalanciertes und überfordertes Pferd und ein Reiter, der die äußeren Hilfen vernachlässigt.

Dieses Problem betrifft vor allem junge Pferde, die noch nicht gelernt haben, sich unter dem Reiter auszubalancieren. Auf der Suche nach Halt nutzen sie die Begrenzung als Stütze. Es ist Aufgabe des Reiters, ihnen zu helfen, ihre Balance zu finden. Voraussetzung dafür ist natürlich, dass der Reiter selbst gut ausbalanciert, sicher und geschmeidig im Sattel sitzt und sein Gewicht richtig verteilen kann.

Wie oben bereits erwähnt, begrenzen Außenzügel und Außenschenkel das Pferd in Wendungen nach außen. Besonders das noch nicht ausbalancierte Pferd ist auf diese Begrenzung angewiesen, um sein Gleichgewicht zu finden und Wendungen unter dem Reiter zu bewältigen.

Falls ein Pferd sehr große Probleme damit zeigt, das Reitergewicht aufzunehmen und sich auszubalancieren, muss darüber nachgedacht werden, ob es körperliche Gründe dafür gibt.

Gerade der Reiter eines jungen Pferdes trägt eine große Verantwortung. Wer sich dieser Verantwortung stellen möchte, muss dabei immer selbstkritisch bleiben. Selbstüberschätzung kann fatale Folgen haben. Und nicht nur technisches Können ist hier gefragt, auch Einfühlungsvermögen, Sensibilität und vor allem Erfahrung sind für die Arbeit mit jungen Pferden von Bedeutung.

Wenn das Pferd an Artgenossen »klebt«

Eine besonders unangenehme Eigenschaft offenbart sich, wenn ein Pferd sich weigert, seine Herdenkollegen zu verlassen. Mit einem solchen Pferd kann man kaum einmal allein einen entspannten Ausritt genießen: Wenn man überhaupt den Hof verlassen kann, wiehert es, zackelt und drängt beharrlich Richtung Heimat.

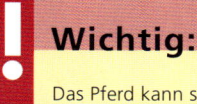

Wichtig:

Das Pferd kann sein Gleichgewicht nur unter einem ausbalancierten Reiter finden.

Wenn die Trennung schwer fällt: Hier zeigt sich, ob das Pferd den Menschen als Führer anerkennt, ihn ernstnimmt und sich ihm anvertraut.

Auch wenn es unbestritten sicherer und vernünftiger ist, in einer Gruppe ins Gelände zu gehen, so sollte es doch möglich sein, sich mit seinem Pferd auch einmal allein zu bewegen – ob an der Hand oder unter dem Reiter, das Problem stellt sich in ähnlicher Weise.

Mangelndes Vertrauen, mangelnder Respekt

In diesem Fall kann man einmal die körperliche Gesundheit und die passende Ausrüstung beiseite lassen; hier interessiert die psychische Verfassung des Pferdes.

Zwei mehr oder weniger gegensätzliche seelische Verfassungen können sich auf ähnliche Weise äußern. Die erste: Das Pferd vertraut sich dem Menschen nicht an, es möchte den Schutz der Herde nicht verlieren. Die andere: Das Pferd ist selbstsicher und stark, nimmt jedoch den Menschen nicht wichtig – wichtiger ist es ihm, seine Aufgaben

Eine ruhige und souveräne Ausstrahlung trägt dazu bei, dem Pferd die nötige Sicherheit zu vermitteln.

innerhalb der Herde zu erfüllen, es hat sozusagen Besseres zu tun, als sich mit dem Menschen abzugeben.

Lösungsansätze

So unterschiedlich die Ursachen auch sind, die Lösungsansätze ähneln sich dennoch. Dem ängstlichen Pferd fehlt in erster Linie das Vertrauen, dem selbstbewussten der Respekt. Einstellungen, die niemals isoliert betrachtet werden können: Ein Pferd vertraut dem Menschen, den es auch als Führer respektiert.

Es muss daher intensiv am Verhältnis von Pferd und Mensch gearbeitet werden. Das beginnt natürlich im täglichen Umgang: Durch konsequentes, souveränes und für das Pferd verständliches Verhalten erwirbt sich der Mensch die Achtung und das Vertrauen seines Vierbeiners. Bodenarbeit kann dies weiter fördern und festigen, Spaziergänge tun ein Übriges.

Doch nicht nur am Boden muss sich der Mensch als vertrauenswürdiger Führer erweisen. Damit sich ihm das Pferd auch unter dem Sattel anvertraut, ist es wichtig, dass er sich die Aufmerksamkeit seines Pferdes sichert und es korrekt an die Hilfen stellt; auf die Arbeit im Viereck kann hier nicht verzichtet werden.

In der konkreten Situation kann es manchmal helfen, abzusitzen und das Pferd so lange zu führen, bis es seine Artgenossen weder sehen noch hören kann; viele Pferde lassen sich vom Boden aus besser kontrollieren als unter dem Sattel. Eine langfristige Lösung stellt dies jedoch nicht dar.

> **!**
>
> ## Wichtig:
>
> Wenn das Pferd den Menschen als Führer anerkennt, wird es ihm auch freiwillig folgen, selbst wenn es seine Herdengenossen verlassen muss.

Auf einen Blick

- Wenn ein Pferd eine Untugend zeigt, gilt es zunächst, die Ursache zu finden, damit man das Problem an der Wurzel packen kann. Gibt es körperliche Ursachen, Haltungsfehler, Fehler in der Erziehung oder steht es mit den eigenen reiterlichen Fähigkeiten nicht zum Besten?
- Ursache für ein Fehlverhalten des Pferdes ist oft ein Fehler des Menschen.
- Das beginnt mit der Haltung des Pferdes. Bewegungsmangel und falsche Fütterung schaffen nicht nur körperliche Probleme, auch die Psyche des Pferdes kann leiden.
- Einsamkeit kann ebenfalls zu ernsthaften Störungen führen. Nur ein artgerecht gehaltenes Pferd bringt die Voraussetzungen mit, fleißig, lernwillig und kooperativ mit dem Menschen zu arbeiten.
- Ein gar nicht oder schlecht erzogenes Pferd wird oft zum Problempferd. Die Erziehung des Pferdes beruht auf zwei Faktoren: Respekt und Vertrauen. Das Pferd wird beides nur dem Menschen schenken, der sich als verantwortungsvoller und vertrauenswürdiger Führer erweist. Vor allem Konsequenz, auch bei Kleinigkeiten im täglichen Umgang, schafft Sicherheit.
- Wer sich mit der Korrektur eines Problempferdes befassen möchte, muss über umfangreiche Kenntnisse verfügen, sowohl den Umgang als auch das Reiten betreffend. Korrekte Hilfengebung, Einfühlungsvermögen und genaue Beobachtung des Pferdes an der Hand ebenso wie unter dem Reiter sind unabdingbar, um Missverständnisse zu vermeiden.
- Daher ist eine ständige Selbstkontrolle, eine kritische Selbsteinschätzung und vor allem auch Selbstbeherrschung des Reiters die Grundvoraussetzung dafür, dass die gewünschte Harmonie von Pferd und Reiter erreicht werden kann.

Lohn der Mühe ist eine vertrauensvolle Partnerschaft zwischen Mensch und Pferd – gibt es was Schöneres?

Die Deutsche Bibliothek –
CIP-Einheitsaufnahme

Ein Titeldatensatz für diese Publikation ist bei Der Deutschen Bibliothek erhältlich

Bildnachweis
Erwin Escher: Seiten 1, 2/3
Irene Hohe: Seiten 4 oben, 7
Lothar Lenz: Seiten 4 links, 5, 11, 19, 23, 29, 30, 31, 35, 45, 60, 63
I. Toffi: Seite 14
Maximilian Schreiner: Seite 51
Illustrationen: Susanne Retsch-Amschler
Umschlagfotos: Titelfotos: Christiane Slawik
                             Einklinker vorne: Lothar Lenz
                    Rückseite: Lothar Lenz

Umschlaggestaltung: Studio Schübel, München
Layout: Parzhuber & Partner, München
Redaktion: Renate Hausdorf
Lektorat: Claudia Daiber
Satz und Herstellung: Elisabeth Schimmer, Renate Hausdorf

BLV Verlagsgesellschaft mbH München Wien Zürich
80797 München

© 2001 BLV Verlagsgesellschaft mbH, München

Das Werk einschließlich aller seiner Teile ist urheberrechtlich geschützt.
Jede Verwertung außerhalb der engen Grenzen des Urheberrechtsgesetzes
ist ohne Zustimmung des Verlages unzulässig und strafbar. Das gilt
insbesondere für Vervielfältigungen, Übersetzungen, Mikroverfilmungen
und die Einspeicherung und Verarbeitung in elektronischen Systemen.

Druck: Appl, Wemding
Bindung: Auer, Donauwörth

Printed in Germany · ISBN 3-405-16148-7